PRÄSIDENTSCHAFT DER TÜRKISCHEN REPUBLIK FÜR RELIGIÖSE ANGELEGENHEITEN
Allgemeine Veröffentlichung Nr: 1989/1
Volksbücher: 526

DIE FAMILIE
Aus den Ahadithen

Herausgeber : Doz. Dr. Fatih KURT
Koordination: Yunus YÜKSEL
Vorbereitung: Prof. Dr. Huriye MARTI
Übersetzung: Büşra ŞAHİN ARSLAN
Redaktion: Fatma YÜKSEL
Grafik & Design: Uğur ALTUNTOP
Druck: Sarıyıldız Ofset Matb. Amb. Kağ. Paz. San. Tic. Ltd. Şti.
Tel: +90 312 395 99 94

2. Auflage, ANKARA 2022

ISBN: 978-625-435-244-7
2022-06-Y-0003-1989/1
Zertifikat Nr: 12930

Entscheidung der Prüfungskomission: 08.06.2021/30

© Präsidium für Religionsangelegenheiten, Abteilung Religiöse Publikationen

Kontakt:
Präsidium für Religionsangelegenheiten
Generaldirektorat für religiöse Publikationen
Abteilung für Publikationen in Fremdsprachen und Dialekten

Dini Yayınlar Genel Müdürlüğü
Yabancı Dil ve Lehçelerde Yayınlar Daire Başkanlığı
Üniversiteler Mah. Dumlupınar Bulvarı No: 147/A 06800
Çankaya – ANKARA / TÜRKİYE
Tel.: +90 312 295 72 81 • Fax: +90 312 284 72 88
e-mail: yabancidiller@diyanet.gov.tr

Vertrieb und Verkauf:
Umlaufvermögen Abteilungsleitung
Tel: +90 312 295 71 53 - 295 71 56
Fax: +90 312 285 18 54
e-mail: dosim@diyanet.gov.tr

DIE FAMILIE
Aus den Ahadithen

Das Präsidium für Religiöse Angelegenheiten (Diyanet İşleri Başkanlığı) ist die einzige offizielle Institution, die Aufgaben bezüglich religiöser Angelegenheiten ausführen darf.

Die Republik Türkiye ist ein Land, das 1923 als Fortführung einer alten Zivilisation gegründet wurde. Die Mehrheit der Bevölkerung der Türkiye, die der Schnittpunkt der Zivilisationen ist, sind Muslime.

Inhaltsverzeichnis

7	VORWORT
10	DIE FAMILIE: DER WERTVOLLSTE SCHATZ, DER DEM MENSCHEN GEGEBEN WURDE
28	MUTTER-VATER-KIND: DAS ZUSAMMENFINDEN IN EINEM ZUHAUSE
46	DIE ELTERN: MÜHE, SEGEN UND DER WEG INS PARADIES
64	DAS KIND: DIE DER FAMILIE ANVERTRAUTE HOFFNUNG
76	DER INNERE FRIEDE IN DER FAMILIE: DIE SICH DER BARMHERZIGKEIT ÖFFNENDE, ABER DER GEWALT VERSCHLIESSENDE TÜR
92	DIE PRIVATSPHÄRE DER FAMILIE: DIE UNANTASTBARKEIT DES PRIVATLEBENS
106	DAS FAMILIENLEBEN DES PROPHETEN MUHAMMED (S.A.W.): EIN IDEALER EHEMANN, EIN GÜTIGER VATER
124	„SILAH AL-RAHIYM": NICHT ZU VERNACHLÄSSIGENDE VERWANDTSCHAFTSBEZIEHUNGEN
142	DIE MILCHVERWANDTSCHAFT: DIE NÄHE, DIE DURCH DIE MUTTERMILCH ENTSTEHT

Ahadithe: Plural für „Hadith" = Überlieferungen (überlieferte Aussprüche/Aussagen/Verkündungen des Propheten Muhammed (s.a.w.))

VORWORT

Die Familie ist der wertvollste Schatz, der dem Menschen gegeben wurde. Allah, Der den Menschen als das edelste Wesen auf der Welt erschuf, gab ihm seinen Lebenspartner zur Seite und schenkte ihm somit in seinem turbulenten Leben auf der Welt einen friedlichen, Vertrauen erweckenden Zufluchtsort. Dass diese schöne Atmosphäre unbeschädigt und mit Liebe, Respekt und Glückseligkeit fortbesteht, ist nicht nur der Wunsch des Menschen, sondern auch der Wunsch Allahs. Allah Ta´ala,[1] Der die Mutter, den Vater und das Kind, die Er alle im warmen Familiennest zusammenbringt und jeden einzeln wertschätzt, vertraute sie zudem einander an. Folglich werden die Eheleute sich gegenseitig als etwas Anvertrautes (*Amanah*) von Allah sehen und mit der Kraft der Verbundenheit, die sich durch Liebe und Barmherzigkeit in die Herzen verwurzelt, ein Leben in Gemeinsamkeit führen, ohne einander zu verletzen oder zu kränken. Wenn sie zu Eltern werden, werden sie ihre Kinder, die ihnen von Allah Ta´ala anvertraut sind, unter allen Umständen schützen und sich um die Befriedigung ihrer materiellen und seelischen Bedürfnisse bemühen. Sie werden ihre Kinder, die Anlass des Segens und der Fülle sind, mit großen Mühen als sittsame, tugendhafte und rechtschaffene Diener Allahs erziehen. Dementsprechend werden auch die Kinder es als eine göttliche Pflicht ansehen, ihren Eltern Güte und Wohltaten zu erweisen und danach streben, die ihnen im Kindheitsalter gebotene Geborgenheit der Familie, auch im späteren Alter friedvoll weiterbestehen zu lassen. Denn nun wird die Zeit

---

1 Ta´ala: (nur für Allah) der Erhabene, der Glorreiche

gekommen sein, in der sie ihren Eltern Hilfe leisten müssen. Jeder ihrer Schritte zur Erlangung der Zufriedenheit ihrer Eltern wird sie Allah Ta´ala ein Stück näher bringen. Dementsprechend muss jedes Familienmitglied, unbeachtet seines Geschlechts und seines Alters, seinen Beitrag leisten, damit das Vertrauen schenkende Familiennest fortwähren kann. Auch die Liebe im Familienkern auf ein weites Familienumfeld auszubreiten und die Stärke der innerfamiliären Beziehungen in den Verwandtschaftsbeziehungen zum Ausdruck zu bringen ist, eine von Allah Ta´ala aufgetragene Pflicht, die weltliche und jenseitige Glückseligkeit einbringt.

Zu wissen, was die Sichtweise des Islams bezüglich der Familie ist und was für einen Wert er ihr beimisst und zu lernen, auf welchen moralischen Prinzipien sich die Familie aufbaut, sollte einerseits uns dabei helfen, unser Familienleben zu überprüfen und zu bessern, und andererseits jenen, die vor einer Familiengründung stehen, neue Horizonte öffnen. Es sollte uns ein Wegweiser sein, zu sehen, wie der Gesandte Allahs (s.a.w.)[2], der uns in allen Lebensbereichen ein ausgezeichnetes Vorbild ist, die Beziehungen in der Familie führte, welche Rollen er übernahm, wie er seinen Verantwortungen nachging und wie er die Rechte seiner Familienangehörigen schützte.

Aus diesem Grund ist es unser größter Wunsch, dass dieses Buch – abgefasst aus der Gesamtausgabe *„Der Islam – Aus den Überlieferungen"* (*Hadislerle Islam*), welche sein in voller Weisheit und Barmherzigkeit verbrachtes Leben sowie seine universale Vorbildlichkeit den Menschen unserer Zeit näherzubringen beabsichtigt – dem Nutzen der Leser dient.

      Präsidium für Religionsangelegenheiten

---

2 (s.a.w.): ist die Abkürzung für: *„Sallallahu alayhi wa sallam"*, mit der Bedeutung: *„Friede und Gruß seien mit ihm"* (Anm. d. Übers.).

DIE FAMILIE: DER WERTVOLLSTE SCHATZ, DER DEM MENSCHEN GEGEBEN WURDE

Der Gesandte Allahs (s.a.w.) besuchte seine Tochter *Fatima* (r.a.)¹ und schaute sich nach *Ali* (r.a.) um. Er muss gleich gespürt haben, dass etwas nicht stimmte, denn er fragte sie nicht: „Wo ist Ali?", oder: „Wo ist dein Mann?" Vielmehr fragte er sie, ähnlich wie Musa/Moses/ (a.s.)² – nach dem er gerade vom Berg Sinai zurückgekehrt war, wütend und aufgebracht reagierte, über das, was er sah - von seinem Bruder (Aaron) mit: *„Sohn meiner Mutter!"*³, angesprochen wurde,

---
1 (r.a.) ist die Abkürzung für „*Radiyallahu anh / anha/ anhum*" und bedeutet „Möge Allah mit ihm/ihr/ihnen zufrieden sein)" (Anm. d. Übers.).
2 (a s.) ist die Abkürzung für „*Alayhissalam*" und bedeutet „*Gegrüßt sei er/Frieden auf ihm*" (Anm. d. Übers.).
3 Koran: Ta-Ha, 20/94.

sagte auch unser Prophet (s.a.w.) zu *Fatima* (r.a.): „*Wo ist der Sohn deines Onkels?*"[4]

Fatima (r.a.) und ihr Mann hatten sich gestritten. Dabei liebte *Ali* (r.a.) doch seine Frau sehr. Hatte er nicht deswegen an ihrer Stellen dem Propheten gegenüber ihre Sorgen zur Sprache gebracht? Als sie gemeinsam den Gesandten Allahs (s.a.w.) aufsuchten und *Fatima* (r.a.) vor Scham kein Wort herausbrachte ... Sofort warf sich *Ali* (r.a.) vor und sprach an ihrer Stelle: „Oh Gesandter Allahs! Ich werde es dir sagen (worum sie sich schämt, vorzusprechen). Weißt du, deine Fatima, die das Korn mit den Händen mahlt ... hat Hornhaut auf den Händen; weil sie das Wasser vom Brunnen trägt, hat das Seil des Wassereimers Abdrücke auf ihrem Nacken hinterlassen ... Ihr Rock ist eingestaubt vom Fegen des Hauses ... Ihre Kleidung ist rußgeschwärzt vom Feuer der Kochstelle."[5]

---

4   Bukhari: Sahih, Fada'ilAshab an-Nabi, 9 (B3703).
5   Abu Dawud: Sunan, Adab, 99, 100 (D5063)

Sie sagte: „Er regte sich über mich auf und ging. Er war auch nicht zum Mittagsschlaf hier." Der Gesandte Allahs (s.a.w.) ließ nach *Ali* (r.a.) suchen. Wo war er nur? Diese Situation hatte auch ihn betrübt. *Ali* (r.a.) wurde nach kurzer Zeit gefunden: „Ali ist in der Moschee. Er kauert in einer Ecke und schläft", sagten sie. Als der Gesandte Allahs in den *Masdschid* (Gebetsraum) eintrat, sah er, dass *Alis* Oberhemd hochgerutscht und sein Rücken mit Staub und Erde bedeckt war.[6] Er näherte sich *Ali*. Während er den Staub von ihm herunter klopfte, sagte er: „*Stehe auf, oh Abu Turab!*" („Staubbedeckter", wörtlich „Vater des Staubes")[7], und scherzte mit ihm. Diese Bezeichnung sollte von nun an als der schönste Rufname an *Ali* (r.a.) haften bleiben.

Der Ärger wich durch das liebevolle und verständnisvolle Eingreifen unseres Propheten der Ruhe und Gelassenheit. Er versöhnte, ohne Partei zu ergreifen und vereinte, ohne zu kränken. Der Gesandte Allahs (s.a.w.) überdeckte den Zwist in den Herzen, indem er die Funken der Liebe in die Herzen streute und überstrahlte mit dem Gefühl der Barmherzigkeit die Kränkung, die in einem Augenblick der Wut entstanden war, und machte sie vergessen. Er erinnerte *Ali* und *Fatima* aufs Neue daran, dass sie eine Familie waren.

Eine Familie zu sein bedeutet, Eins zu sein. Was für eine zauberhafte Umschreibung das doch ist? Hat der Gesandte Allahs (s.a.w.) nicht mehr als hundert Verkündungen über die Familie hinterlassen? Und sie alle erzählen uns, wie wichtig die Familie ist.

---

6   Bukhari: Sahih, Salah, 58 (B441).
7   Muslim: Sahih, Fada'ilas-Sahaba, 38 (B6229).

Zweifellos ist die Familie sehr wichtig! Es gibt da doch ein Bittgebet zur Trauung, das in Anatolien und auf dem indischen Subkontinent als ein traditionelles Heiratsgebet verbreitet ist: „Oh Allah! Segne und heilige diese Verbindung. Schweiße das frisch vermählte Paar mit den Gefühlen der Liebe, Zuneigung und der Loyalität aneinander. Lass nicht zu, dass Hass, Zwist oder Streit sich zwischen ihnen drängen. Segne sie, wie Du die Verbindung von Adam (a.s.) und Eva (a.s.), Muhammed (s.a.w.) und *Khadidscha (r.a.) al-Kubra* (r.a.), *Ali* (r.a.) und *Fatima tuz-Zahra* (r.a.) gesegnet hast."

Dies ist ein Bittgebet, das die Herzen berührt! Ein Bittgebet, das die Herzen umhüllt! Ein Bittgebet, das die Sehnsucht nach den erwähnten Verbindungen, als die wundervollen Familiennester, die sie waren, ausdrückt. Wir sehen in diesem Bittgebet die Liebe *Alis* zu *Fatima*; hören die Hingabe *Fatimas* zu ihrem Mann heraus. Bei jeder Trauung ist unser Bittgebet eine Hommage an die glücklichen Familien von Adam (a.s.) und Eva (a.s.), des Gesandten Allahs (s.a.w.) und *Khadidscha* (r.a.) (r.a.) und von *Ali* (r.a.) und *Fatima* (r.a.).

Waren nicht alle Propheten mit ihren Familien eng vereint? Dass, der Prophet Abraham (a.s.) mit seiner väterlichen Fürsorge seine Familie und alle seine Gäste an seiner reich gedeckten Tafel versammelte; und dass er vor allen anderen seinen Vater *Azar* zum Monotheismus einlud;[8] dass der Prophet Joseph (a.s.) seinen Brüdern all ihre Missetaten vergab;[9] die Tränen des Propheten Jakob (a.s.), die er für seine

---

8 Vgl. Koran: al-An´am, 6/74.
9 Vgl. Koran: Yusuf, 12/92.

Söhne Josef und Benjamin vergoss und seine Fürsorge um sie;[10] das Flehen und Bitten des Propheten Noah (a.s.) um seinen Sohn[11] ... Sind dies nicht alles Zeugnisse dieser unerklärlichen, geheimnisvollen Kraft der familiären Bande?

Und woher bezieht das Familie-Sein seine Kraft?

Unser Prophet (s.a.w.), der die Verkündung Allahs, Dem Erhabenen: *„Ich bin Allah. Ich bin der Allerbarmer (ar-Rahman). Ich schuf die Verwandtschaft. Ich betitelte sie mit einem Namen der Barmherzigkeit von Mir (ar-Rahiym). Wer die Verwandtschaftsbeziehungen (Silah ar-Rahiym) pflegt (ihnen gegenüber barmherzig ist), dem gewähre Ich auch (die Barmherzigkeit). Und wer die Beziehung zu seinen Verwandten abbricht, mit dem breche auch Ich die Bindung"*[12], vermittelte, deutete eigentlich indirekt auf die geheimnisvolle Kraft hinter der Bindung der Familienbande. Die Kraft hinter dieser Bande ist Allah, Der Barmherzige; sie ist eine Gnadengabe Allahs. Je mehr in Übereinstimmung mit der Zufriedenheit Allahs, Des Gnädigen, gelebt wird, desto stärker wird diese Bindung. Oder anders gesagt: Je mehr familiäre Bindungen verloren gehen, desto mehr entzieht Allah Ta´ala den Schatten Seiner Barmherzigkeit über den Menschen und das Leben wird bitter, sinn- und zwecklos.

Somit suggeriert uns das Wort *„Sılah-ar Rahiym"* solch eine Wahrheit, indem es die Familienbande an den Strang der Barmherzigkeit Allahs bindet. Eigentlich heißt es ja, dass die Betitelung der Gegenstände mit Namen zufällig geschieht. Zweifellos verhindert diese Behauptung die Worte nicht da-

---

10 Vgl. Koran: Yusuf, 12/84,87.
11 Vgl. Koran: Hud, 11/42.
12 Tirmidhi: Sunan, Birr wa Sila, 9 (T1907).

ran, dass sie uns mit Anspielungen zuspielen und mit ihrem Esprit und ihrer Weisheit die Wahrheit irgendwo in sich verbergen. Ist das arabische Wort „*Usra*" nicht auch so ein Wort? „Familie" … bedeutet *Usra!* Der Ort, an dem Eltern ihr Kind unter ihren Flügeln der Barmherzigkeit erziehen, wo das Kind richtig und falsch unterscheiden lernt, wo ein paar herzenswarme Hände die kleinen Händchen des kleinen Nachwuchses fest umklammern …

Genau genommen bedeutet *Usra* lexikalisch „Rüstung".[13] Doch wie kam es dazu, dass dieses Wort einen solch großen Bedeutungswandel erlebte und die Bedeutung „Familie" erlangen konnte?

Tatsächlich ist an dieser Ableitung nichts Überraschendes. Denn die Familie verdient es, in jeder Hinsicht als „Rüstung/Panzer" bezeichnet zu werden. Das Einzige, was nicht gewiss ist, ist nur, in welchem Entwicklungsverlauf dieses Wortes seine einzelnen Aspekte überwogen haben. Hat etwa die Familie diesen Namen auf Arabisch bekommen, weil sie den Menschen mit materiellen Mitteln wie ein schützender Panzer umgibt, oder weil sie einerseits die Regeln bestimmt und das Kind formt und andererseits die Negativität der Außenwelt abschirmt und verhindert? Oder liegt es daran, dass die Familie die nach Paradies duftenden Babys mit viel Liebe und Zuneigung in warme Wickel legt und bewahrt, wie die Kokons, aus denen zarte und schillernde Schmetterlinge hervortreten? Der bei den Türken berühmte Ausdruck „Herd (Feuerstelle) des Vaters" (türk. *Baba Ocağı*)"[14], dessen Rauch angenehm emporsteigt, als wollte er sich dem Ge-

---

13 Ibn Manzur, Lisan al-Arab, IV, 19 (LA2/77).
14 „Herd (Feuerstelle) des Vaters": Synonym für Herkunft, Heimat, Wurzeln, Herkunftsfamilie

heimnis des Himmels anschließen, ist in seiner Bedeutung nicht weniger gewichtig als die besagten Ausdrücke.

Der *Hadith* unseres verehrten Propheten: *„Wer von euch es sich leisten kann, der heirate. Denn sie (die Heirat) ist der beste Weg, um den Blick vom Verbotenen (Haram) abzuwenden und die Keuschheit (Iffah) zu schützen"*[15], bringt klar zum Ausdruck, dass die Ehe der schützende Panzer der Augen ist, und dass sie durch die Keuschheit *(Iffah)* das Leben des Menschen unter ihren Schutz stellt.

Und das Wort „Familie" ist zudem ein Wort, das den Menschen stets an seine Hilfsbedürftigkeit erinnert. Einer der Bedeutungen des Koranverses: *„Und fand er dich nicht bedürftig und machte dich reich?"*[16], ist die Wärme und Geborgenheit in der Familie und der Schutz innerhalb einer Familie. Es wird dem Menschen verkündet, dass der wahre Reichtum in der Familie liegt.

Die Familie ist ein göttliches Siegel Allahs, das Er auf das Dasein der Existenzen gesetzt hat. Es ist ein Zeichen, das von der göttlichen Macht in das menschliche Leben eingefügt wurde. Der heilige Koran verkündet: *„Zu Seinen Zeichen gehört auch, dass Er euch Gattinnen aus euch selbst schuf, damit ihr bei ihnen ruht. Und Er hat zwischen euch Liebe und Barmherzigkeit gesetzt. Darin sind fürwahr Zeichen für nachdenkliche Leute."*[17]

Die Familie ist eines der deutlichsten Zeichen für die Existenz Allahs. Allah Ta´ala sandte drei *„Ayah"* (Zeichen). Er legte einige seiner Verse dem Universum zugrunde. Die

---

15 Bukhari: Sahih, Nikah, 3 (B5066); Muslim: Sahih, Nikah, 1 (M3398).
16 Koran: ad-Ducha, 93/8.
17 Koran: ar-Rum, 30/21.

makellose Ordnung des Universums, die wie ein Uhrwerk funktioniert, ist ein Zeichen, ein Beweis dafür, dass das Dasein Seine Schöpfung ist, alles von Ihm kommt und zu Ihm hin strömt, dass sich das Ende allen Daseins im Wiederkehr zu Ihm befindet. Mit jedem Schlag des menschlichen Herzens verkündet das Uhrwerk des Universums der Menschheit, in seiner eigenen Sprache, was für ein großes Zeichen Allahs die „Familie" doch ist.

„Fitrah", die natürliche Veranlagung des Menschen, die in der Verkündung des heiligen Korans erwähnt wird: *„So richte dein ganzes Wesen aufrichtig auf den wahren Glauben, gemäß der natürlichen Veranlagung (Fitrah), mit der Allah die Menschen erschaffen hat. Es gibt keine Veränderung in der Schöpfung Allahs. Dies ist die richtige Religion. Jedoch, die meisten Menschen wissen es nicht"*[18], ist ein weiterer *Ayah* (Zeichen) für die Existenz Allahs.

Die Familie ist auch in dieser Hinsicht einer der wichtigsten *Ayah*. Denn es ist für einen Menschen aufgrund seiner Veranlagung und Natur eine Notwendigkeit, in einer Familie geboren und aufgewachsen zu sein und dort sein Leben fortzusetzen.

Der dritte *Ayah* (Zeichen) Allahs ist Sein göttliches Wort, womit Er die Menschen durch Seine Offenbarung gesegnet hat. Genauso, wie die Verse über das Universum und über die *Fitrah* (natürliche Veranlagung des Menschen), die auf die Erhabenheit der Existenz, des Könnens, und der Macht Allahs hinweisen, so betonen auch weitere Verse des heiligen Korans klar die Notwendigkeit, eine Familie zu sein.

---

18 Koran: ar-Rum, 30/30.

Die Familie ist sowohl ein Ort für die Befriedigung der materiellen Bedürfnisse als auch ein Ort der geistigen Versorgung. Auch der Kornvers: *„Soll ich euch zu einer Familie führen, die ihn für euch aufziehen und sorgsam auf ihn aufpassen werden"?*[19], der die Worte der Schwester des Propheten Moses (a.s.) wiedergibt, betont, neben der Versorgung eines Kindes mit finanziellen Möglichkeiten durch die Familie, auch den Umgang mit ihm in Hingabe, Herzensgüte und mit Mitgefühl.

Die Familie ist eine heilige Institution, die durch Allahs Barmherzigkeit gestützt und durch Seine Segnung mit Kindern und reinem Einkommen verschönert wird.

Die Familie ist eine Brücke, die das Göttliche und das Menschliche über der Quelle der Barmherzigkeit vereint. Die Familie ist der Ort, an dem die Offenbarung, die als „Seil Allahs" bezeichnet wird, mit den Manifestationen der Barmherzigkeit und des Mitgefühls den Vorhang des Herzens durchdringt und sich an das Band der Familie klammert.

Wenn das Familienband stark ist, hängt das erleuchtende Seil der Offenbarung und der Barmherzigkeit, das der edle Koran als *„Hablullah*/das Seil Allahs" bezeichnet, aus dem Reich des *„Malakut"* (das Verborgene/das Reich der Seelen) hinab und verheddert sich Knoten für Knoten, Masche für Masche mit dem Familienband, festigt und verankert sich dort ... Es ist nun ein vertikaler Regenbogen zwischen Himmel und Erde. Wenn dies geschieht, werden alle Angelegenheiten der Familie mit der Eingebung Allah Ta'alas erledigt. Wenn jedoch das familiäre Band schwach ist, so

---

19 Koran: al-Qasas, 28/12.

fällt nicht nur die Familie auseinander, sondern auch ihre himmlische Bindung schwindet … Allah, Der Allmächtige, hat die Menschen, Tiere und sogar Pflanzen paarweise als männlich und weiblich erschaffen,[20] damit sie eine Familie werden können …

Die erste Familie war die von Adam (a.s.) und Eva (r.a.). Sie erinnert uns vom ersten Moment an daran, dass das Dasein des Menschen in der Familie wertgeschätzt wird … Abel *(Habil)*, der seinem Bruder gegenüber nicht die Hand erhob, obwohl dieser ihm schaden wollte, der auf den Rat seines Vaters hörte und auf die familiären Werte achtete, gewann Allahs Wohlgefallen; sein Gebet und seine Opfergaben wurden im Nu bei Allah angenommen.

Sein Stellenwert ist vergleichbar mit dem Propheten Josef/Yusuf (a.s.): *„Bei Allah! Allah hat dich uns vorgezogen. Und wir haben wahrlich Verfehlungen begangen."*[21] Das Verstärken des *Silah ar-Rahiym* (die Pflege von Verwandtschaftsbeziehungen) bedeutet, der Unterstützung Allahs sicher zu sein. Die Familienbande zu zerreißen hingegen bedeutet, Schritt für Schritt in seinen eigenen Untergang hinabzugleiten, so wie Kain/Qabil es tat …

Die Menschheitsgeschichte wurde von Zeit zu Zeit auch Zeuge dessen, dass sich Familienbande lösten. In der vorislamischen Zeit gab es Menschen, die der Menschheit einen dunklen Fleck hinterließen, indem sie neben ihrer Ehe der Unzucht und sexuellen Perversionen nachgingen, *Mut'a*-Ehen (Ehen auf Zeit) eingingen, ihre Frauen Adligen zum Kinderzeugen ausliehen oder nach dem Tod ihrer Väter ihre

---

20 Koran: Ta-Ha, 20/53; asch-Schura, 42/11.
21 Koran: Yusuf, 12/91.

Stiefmütter heirateten.[22] Zudem florieren in gesellschaftlichen Schichten und Kreisen, in denen das Familienleben in Vergessenheit gerät, sexuelle Perversionen und abnorme Neigungen. Der Islam verbietet alle unrechtmäßigen Beziehungen, die die Existenz der Familie bedrohen.[23] Allah Ta´ala hat alle Arten solcher unehelichen Beziehungen verboten und mit dem Vers: *„Und verheiratet die Ledigen unter euch"*[24], der Menschheit dazu geraten, Familiennester zu gründen, um glückliche und zufriedene Gesellschaften zu errichten.

Eine Familie zu sein bedeutet, ein Ganzes zu vervollständigen. Um es mit den Worten des edlen Korans zu sagen, bedeutet sie, dass die Eheleute „einer das Kleid des anderen werden".[25] Ein Ehepartner zu sein bedeutet, seine eigene Unvollständigkeit einzugestehen und mit seinem Partner eine Einheit bildend einen weiteren Schritt hin zur Vollkommenheit zu machen und von seinem Partner wie ein Kleid bedeckt und umwickelt zu werden. Die Familie ist einer der größten Segen Allahs. Sie ist der Ort, an dem Zuneigung, Freude und Genuss geteilt werden und an Wert gewinnen.

Der Gesandte Allahs (s.a.w.) bewertete die Familie sowohl als einen Quell des Segens als auch als einen großen Reichtum. Er beglückwünschte einen frisch Verheirateten, indem er für ihn folgendes Gebet sprach: *„Möge Allah es heiligen und euch mit Fülle segnen und dich und deine Frau als Partner*

---

22 Vgl. Aydın, „Aile", DIA II, S. 198.
23 Vgl. Koran: an-Nisa, 4/15-16; al-Isra:17/32; an-Nur, 24/2-3, 30-31; Furqan, 25/68.
24 Koran: an-Nur, 24/32.
25 Koran: all-Baqara, 2/187.

in Güte und Wohltaten vereinen."[26] In der Tat ist für einen Gläubigen die Familie eine Tür zu nie versiegendem Segen. Durch diese Tür gilt es mit Gebeten einzutreten und das Heim mit Gefühlen der Liebe, der Güte und der Milde gedeihen zu lassen und zu festigen.

Der wichtigste Segen für eine Familie sind die Kinder, die jeweils eine Frucht des Paradieses sind. Gewiss werden Eltern, die gottergeben sind, den Wert dieser Paradiesfrüchte zu schätzen wissen. Denn die Kinder sind ihren Eltern ein Anvertrautes von Allah (*Amanah*). Vom ersten Moment an heißen Eltern ihre Kinder mit der ganzen Reinheit ihres Herzens in ihrem Zuhause willkommen. Der Gesandte Allahs (s.a.w.) verkündet in einem *Hadith*: „*Wenn einer von euch, bevor er seiner Frau beiwohnt (mit ihr ein Kind zeugt), sagt: ‚Bismillah (im Namen Allah)! Oh Allah, halte den Satan von uns fern. Und halte ihn auch von der Gabe fern (Kind), was Du uns bescheren wirst', und wenn er dann ein Kind aus dieser Verbindung bekommt, so wird ihm Satan nichts anhaben können.*"[27]

Einmal sagte unser verehrter Prophet (s.a.w.) zu *Umar* (r.a.) die folgenden Worte, um zu verdeutlichen, dass ein wahrer Schatz nicht aus Gold oder Silber besteht: „*Soll ich dir verraten, was der wertvollste Schatz ist, den ein Mann haben kann? Es ist eine wohlgesittete, gottesfürchtige Frau. Wenn er sie erblickt, so erfüllt ihr Anblick ihn mit Freude. Wenn er ihr etwas (Gutes) aufträgt, so erfüllt sie es. In seiner Abwesenheit bewahrt sie seine Rechte und sein Ansehen.*"[28]

---

26 Abu Dawud: Sunan, Nikah, 35-36 (D2130).
27 Bukhari: Sahih, Wudu', 8 (B141).
28 Abu Dawud: Sunan, Zakah, 32 (D1664).

Sie ist ein Schatz … die liebevolle Ehefrau. Sie ist ein Schatz … die hingebungsvolle Mutter. Tatsächlich ist die Frau das Leben selbst. Sie ist wie das reine, sprudelnde Wasser. Sie beseitigt alle Verunreinigungen und Negativitäten um sie herum. Mit den Worten des Gesandten Allahs (s.a.w.) ist eine gutmütige und gottesfürchtige Frau eines der drei Glückseligkeiten der Söhne Adams. Eine schlechte Ehefrau hingegen ist eine Quelle des Unglücks.[29] Jedoch folgen viele Menschen der Lust und Laune des Augenblicks und versuchen, ihre Ehe auf bedeutungslosen Dingen aufzubauen. Im Grunde gilt dies nicht nur für Männer, sondern auch für Frauen.

Unter Berücksichtigung der gesellschaftlichen Neigungen zu seiner Zeit, wandte sich unser Prophet (s.a.w.) seinen Gefährten folgendermaßen zu: *„Eine Frau heiratet man aus vier Gründen: wegen ihres Reichtums, wegen ihrer Abstammung, wegen ihres Aussehens oder wegen ihres Glaubens. Wähle du die Gläubige, denn dann ist deiner Hand der Segen (dir die Fülle und Ergiebigkeit) sicher."*[30]

Der Gesandte Allahs empfahl, dass die Eheleute die Makel des jeweils anderen nicht übermäßig fokussieren. Unser Prophet (s.a.w.) warnte: *„Ein Muslim soll keinen Hass gegen seine gläubige Ehefrau hegen. Wenn ihm ein Charakterzug an ihr missfällt, so wird ihm ein anderer gewiss gefallen."*[31]

Familie ist ein Stein, der ins Meer der Barmherzigkeit geworfen wird. Wenn wir einen Stein ins Meer werfen, so bilden sich doch auf der Wasseroberfläche, beginnend an der

---

29 Vgl. Tayalisi: Musnad, I, 114 (TM207).
30 Muslim: Sahih, Radaʿ, 53 (M3635).
31 Muslim: Sahih, Radaʿ, 61 (M3645).

Einschlagstelle des Steins, die sich nach außen hin verbreitende, zuerst kleine, dann wachsende wellenförmige Kreise, als würden sie das ganze Dasein umarmen wollen; genauso ist auch die Ehe. Bei einer Heirat zieht ein Mensch zuerst einen Kreis mit seiner Frau und seinen Kindern, dann wird dieser Kreis von größeren Kreisen – mit seinen Eltern, Geschwistern, Onkeln und Tanten – umgeben. Mit den Segnungen einer Ehe kommen viele Menschen zusammen und genießen es, verwandt zu sein. Der Gesandte Allahs (s.a.w.) sagte: *„Lernt eure Sippe kennen, damit ihr die verwandtschaftlichen Beziehungen aufrechterhalten könnt. Denn durch das Aufrechterhalten der Verwandtschaftsbeziehungen wächst die Liebe in der Familie, führt zum Reichtum und verlängert das Leben."*[32] Allerdings sollte die Priorität des Familienoberhaupts der eigenen Familie gelten.

Die Verkündung unseres Propheten (s.a.w.): *„Wenn jemand Ausgaben für seine Familie macht und dabei die Belohnung von Allah erhofft, dann werden ihm diese Ausgaben als Sadaqa (Almosen/Wohltätigkeit) gutgeschrieben"*[33], ist ein Anreiz, damit der Familienvater für den Unterhalt sorgt und die Bedürfnisse seiner Familie deckt. Der Mensch braucht seinen Verdienst zunächst für sich selbst und seine Familie auf. Danach sorgt er für die Verwandten und, wenn er danach noch Geld übrig hat, deckt er die Bedürfnisse der anderen Menschen.[34]

Die Familie ist nicht nur eine Einheit mit wirtschaftlichem Aspekt, sie ist auch ein Ort des gerechten Teilens. Hier werden Liebe, Genügsamkeit, Unterhalt, Freude und Leid

---

32 Tirmidhi: Sunan, Birr wa Sila, 49 (T1979).
33 Bukhari: Sahih, Iman, 41 (B55); Muslim: Sahih, Zakah, 48 (M2322).
34 Vgl. Muslim: Sahih, Zakah, 41 (M2313).

gleichermaßen geteilt. Daher sollten Vater und Mutter verantwortungsgemäß handeln und ihre Kinder nicht vernachlässigen. Deshalb sagte unser Prophet (s.a.w.): *„Es reicht für jemanden als Sünde völlig aus, dass er jemanden vernachlässigt, mit dessen Versorgung er verpflichtet ist."*[35]

Die Familie ist der Ort, in der der gute Charakter (*Ahlaq*) eines Kindes geformt wird. Wie der Gesandte Allahs (s.a.w) verkündete: *„Es gibt keinen größeren Schatz (Erbe), den Eltern ihrem Kind hinterlassen können, als den edlen Charakter."*[36] Gute Manieren (*Adab*) und Schamgefühl (*Haya*) sind die besten Tugenden, die Kindern vermittelt werden können. Wenn jemand den Glauben an Allah verliert, kann er tief fallen; in einem erbärmlichen Zustand enden. In der vorislamischen Zeit (*Dschahiliyyah*) gab es Väter, die ihre Töchter und ihre Dienerinnen (Sklavinnen/Konkubinen) in die Unzucht/Prostitution trieben. Obwohl doch Allah Ta´ala im heiligen Koran verkündet: *„Und zwingt eure Dienerinnen nicht zur Prostitution, wenn sie keusch leben wollen, nur um die Güter des irdischen Lebens zu vermehren."*[37]

Jeder in der Familie trägt auf seine Weise zu diesem Nest bei. Kinder sind Helfer ihrer Eltern. Eheleute behüten einander. Mutter und Vater beschützen ihre Kinder. Wenn es Großeltern in der Familie gibt, so werden diese in Ehren gehalten. Sie sind mit ihrer Lebenserfahrung und ihrer Altersweisheit ein fester Stützpfeiler des Hauses. In unserem traditionellen Familienmodell leben alte Menschen mit ihren Kindern und Kindeskindern unter einem Dach. Auch wenn das heute durch die Industrialisierung und das urbane Le-

---

35 Abu Dawud: Sunan, Zakah, 45 (D1692).
36 Tirmidhi: Sunan, Birr wa Sila, 33 (T1952).
37 Koran: an-Nur, 24/33.

ben teilweise nachgelassen hat, ermahnt uns der folgende Koranvers, mit all seiner Gültigkeit und Aktualität, unsere Eltern gut zu behandeln: *„[…] auch wenn der eine von ihnen oder beide bei dir ins hohe Alter kommen. Sag daher nicht ‚uff!' zu ihnen und schelte sie nicht, sondern rede mit ihnen auf ehrerbietige Weise."*[38]

In einer Familie ist kein Platz für Egoismus, vielmehr herrscht eine stetig gegenseitige Hilfsbereitschaft. *Aswad* (r.a.) überlieferte Folgendes: „Ich fragte *Aischa* (r.a.): ‚Was pflegte der Prophet zu tun, wenn er zu Hause war?' Sie antwortete: ‚Er war damit beschäftigt, die Angelegenheiten seiner Familie zu erledigen, d. h. er deckte die Bedürfnisse seiner Familie und wenn die Zeit des Ritualgebets anbrach, ging er hinaus, um zu beten.'"[39] Er war sich nicht zu schade dafür, seiner Frau zur Hand zu gehen; unser Prophet (s.a.w.) war ein beispielhafter Ehemann. Er persönlich sagte darüber: *„Der Beste von euch ist derjenige, der seine Familie in bester Weise behandelt. Und ich bin unter euch derjenige, der seine Familie am besten behandelt."*[40]

Laut dem Gesandten Allah (s.a.w.) kann nicht genug für die Familie getan werden. Er (s.a.w.) verkündete: *„Wer bei der Verteidigung seiner Familie stirbt, ist ein Märtyrer."*[41] Wenn nötig, muss man für seine Familie auch sein eigenes Leben opfern können. Die Familie ist der Ort, wo Treue mit Opferbereitschaft, Glaube mit Güte, Wissen mit Weisheit, Liebe mit Achtung vermengt werden. Danach folgt der Segen von selbst.

---

38 Koran: al-Isra, 17/23.
39 Bukhari: Sahih, Adhan, 44 (B676).
40 Ibn Madscha: Sunan, Nikah, 50 (IM1977)
41 Nasa'i: Sunan, Muharabah, 23 (N4099).

Eine Familie muss aufrechterhalten werden. Wenn die Familienverhältnisse stabil sind, so ist auch die Gesellschaft stabil. Der Prophet (s.a.w.) machte auf die Gefahren der negativen Einflüsse von außen aufmerksam, die die Familie bedrohen, und verkündete: *„Wer eine Frau gegen ihren Mann aufbringt, der gehört nicht zu uns."*[42]

Wenn trotz aller Opferbereitschaft für den familiären Frieden das Verhältnis zwischen den Eheleuten weiterhin angespannt bleibt, so liegt die Verantwortung dafür bei den gerechten und weitsichtigen Vermittlern aus Familien beider Eheleute, die ihre Liebe und Hingabe aus der Asche erheben. Auf Befehl des edlen Korans betreten Schlichter und Vermittler die Bühne;[43] wenn aber alle Lösungsversuche fehlschlagen, bleibt als letzter Ausweg die Scheidung. Sie ist vielleicht viel mehr ein Eingeständnis der Hilflosigkeit als ein Ausweg, und obwohl sie erlaubt ist, ist sie ein Schritt, der bei Allah höchst verpönt ist.[44]

Unsere Familie ist unser warmes Zuhause, in dem die Grundlagen der Moral, Vernunft und des Bewusstseins gelegt werden, die wir unser ganzes Leben lang bewahren werden, und in dem unsere Seelen mit spirituellen Werten versorgt werden. Wir erfahren den Genuss der *Ibadah* (Glaubenspraxis/Gottesdienst) in der Familie; wir entdecken in ihr die Bedeutung der Geschwisterlichkeit, die Ehre, Eltern zu sein und die Behaglichkeit, ein Kind zu sein. In der Familie weisen wir uns selbst, unseren Nächsten und der ganzen Welt einen Sinn zu. Wir lernen, in der Familie zu teilen, miteinander auszukommen, die Notsituationen ge-

---

42 Abu Dawud: Sunan, Talaq, 1 (D2175); Abu Dawud: Sunan, Adab, 125 126 (D5170).
43 Koran: an-Nisa, 4/35.
44 Vgl. Abu Dawud: Sunan, Talaq, 3 (D2177).

meinsam zu meistern und gemeinsam das Glück zu erleben. Unsere Familiennester sind ein Teil der großen Menschheitsfamilie. In diesem Sinne beeinflusst jeder Mensch mit seiner Familie die gesamte Menschheit!

MUTTER-VATER-KIND: DAS ZUSAMMENFINDEN IN EINEM ZUHAUSE

Drei Gefährten, die mehr über die freiwilligen Gebete, die unser geliebter Prophet (s.a.w) über den Tag und Nacht verteilt verrichtete, erfahren wollten, kamen zu ihm nach Hause. Sie fragten sich offensichtlich, wie der Prophet (s.a.w.) bei sich zu Hause, abgesehen von den obligatorischen rituellen Gebeten, die er mit allen Muslimen gemeinsam verrichtete, seinem Schöpfer gegenüber seine Hingabe darbot. Unsere Mütter, die ihr Familienleben nicht vor den Gläubigen verheimlichten, weil es als Vorbild diente, erzählten ihnen von den Gebetsgewohnheiten des Gesandten Allahs. Als die Gefährten das Haus des Gesandten mit nachdenklichen Schritten verließen, entschieden sie, dass die Intensität seiner *Ibadah* für sie nicht

ausreichen würde. Sie sagten: „Wer sind wir und wer ist der Prophet? Wo doch Allah all seine vergangenen und zukünftigen Sünden vergeben hat!" Sie dachten sich, dass sie viel mehr bräuchten als die *Ibadah* eines sündenfreien Propheten.

Einer von ihnen sagte: „Von nun an werde ich jede Nacht durchgehend im rituellen Gebet verbringen!" Der Zweite sagte: „Ich werde jeden Tag fasten, ohne einen Tag auszulassen." Der Dritte sagte: „Ich werde mich der Frauen enthalten und niemals heiraten!" Ihr Vorhaben sprach sich bis zum Gesandten Allahs (s.a.w.) herum. Der Prophet der Harmonie und der Mäßigkeit ermahnte über diese drei Gefährten seine gesamte *Ummah* (Glaubensgemeinschaft): *„Seid ihr diejenigen, die dieses und jenes sagen? Bei Allah, ich bin derjenige unter euch, der die meiste Tugend besitzt und die größte Ehrfurcht vor Allah empfindet. Dennoch faste ich manchmal und faste manchmal auch nicht. Ich bete einen Teil der Nacht und schlafe den andren Teil. Ich heirate auch Frauen. Wer sich von meiner Sunnah (Religionspraxis/Lebensweise) abwendet, der gehört nicht zu mir."*[1]

---

1 Bukhari: Sahih, Nikah, 1 (B5063).

Unser geliebter Prophet (s.a.w.) betonte, dass die Gründung einer Familie durch die Heirat seine *Sunnah* ist und lud seine *Ummah* ein, zu heiraten und die Wertstellung der Familie zu kennen. Denn unser Schöpfer, der jedes Geschöpf auf Erden, egal ob Pflanzen oder Tiere paarweise als männlich und weiblich erschaffen hat,[2] hat die kostbarsten Seiner Geschöpfe, die Menschen, nicht zu Einsamkeit verurteilt, sondern diese auch als Männer und Frauen (paarweise) erschaffen.[3] Der Vers: *„Allah gab euch Gattinnen aus euch selbst und gab euch durch eure Gattinnen Söhne und Enkel und versorgte euch mit Gutem. Wollen sie da an das Falsche glauben und Allahs Gnade verleugnen?"*[4], betont diese Wahrheit.

Allah Ta´ala erschuf nicht nur Frau und Mann, sondern errichtete zudem das Band der Liebe und Barmherzigkeit zwischen ihnen und legte den Menschen dieses Band, welches das Fundament der Familie bildet, gar als Beweis für Seine erhabene Existenz vor: *„Und es gehört zu Seinen Zeichen (Seines Seins und Seiner Allmacht), dass Er euch aus euch selbst Gattinnen erschaffen hat, damit ihr bei ihnen Ruhe findet. Und Er hat Liebe und Barmherzigkeit zwischen euch gesetzt. Darin sind fürwahr Zeichen für Leute, die nachdenken."*[5]

Natürlich gibt es unzählige Weisheiten darin, dass Männer und Frauen mit der gleichen Wertstellung, aber unterschiedlichen Eigenschaften erschaffen wurden. Der Vers: *„[…] Sie sind euch ein Gewand und ihr seid ihnen ein Gewand […]"*[6], lenkt die Aufmerksamkeit auf die vervollkommnen-

---

2   Koran: Yasin, 36/36; asch-Schura, 42/11; az-Zariyat, 51/49; an-Naba, 78/8.
3   Koran: al-Araf, 7/189.
4   Koran: an-Nahl, 16/72.
5   Koran ar-Rum, 30/21.
6   Koran: al-Baqara, 2/187

den Aspekte von Männern und Frauen als zwei Wesen, die sich gegenseitig beschützen, achten und unterstützen und sich gegenseitig gesellschaftliches Ansehen verleihen. Daraus resultierend werden die Eheleute sich gegenseitig zum größten Unterstützer, während der Mensch seine weltliche Prüfung ablegt und die Stufen der Perfektion erklimmt.

Unser *Rabb* (Schöpfer) befiehlt: *„Und verheiratet die Ledigen unter euch […]"*[7], damit kein Mitglied der Gesellschaft das Leben alleine meistern muss und damit sich die Gläubigen gegenseitig bei der Gründung neuer Familien unterstützen. Er (Allah) ist es, der den Männern und den Frauen ratet, zu heiraten und gemeinsam ein Nest zu teilen.[8] Und unser Prophet (s.a.w.), bekräftigt diesen Rat und warnt diejenigen, die sich weigern, eine Familie zu gründen, mit der folgenden Verkündung: *„Die Ehe ist meine Sunnah (Religionspraxis/ Lebensweise). Wer nicht nach meiner Sunnah handelt, der gehört nicht zu mir."*[9] Denn wer ohne einen triftigen Grund auf die Ehe verzichtet, dem ist so, als würde er die Feinheit in der Schöpfung ignorieren. Obwohl doch die Ehe ein Segen ist, der dem Menschen Frieden einflößt. Nur ein/e Ehepartner/in kann einem in der Menge alleine gelassenen Herzen Freude bereiten. Nur ein/e Ehepartner/in kann die speziellste und schönste Liebe, das warme und zärtliche Umgarnen einer Familie bieten, die das Leben lebenswert macht.

Zudem ist die Ehe ein Zufluchtsort, der den Körper vor *Haram* (absolut Verbotenem) schützt. Aus diesem Grund verkündet unser Prophet (s.a.w.) die freudige Botschaft, dass Allah Ta´ala diejenigen definitiv unterstützen wird, die beab-

---

[7] Koran: an-Nur, 24/32
[8] Koran: an-Nisa, 4/3, 25
[9] Ibn Madscha: Sunan, Nikah, 1 (IM1846).

sichtigen, in einer keuschen Beziehung zu leben, indem sie eine Familie gründen.[10] Denn dank der Ehe werden nicht nur die Frau und der Mann geschützt, sondern die ganze Gesellschaft erhält eine geläuterte Generation.

Im heiligen Koran gibt Allah Ta´ala den Menschen Ratschläge, damit sie, nach dem sie die Eintracht der Familie hergestellt haben, mit den Geschehnissen des Lebens Schritt halten können. Er stellt ihnen den Aspekt des Familiendaseins vor, die mit Zuversicht auf das Leben blickt und die Zukunft gestaltet. Allah Ta´ala verlangt, dass die Menschen zuerst begreifen, was es bedeutet, eine Familie zu sein. „Familie sein" bedeutet, nicht nur unter einem Dach zu wohnen und am selben Tisch zu sitzen, sondern auch bei gleichen Gefühlen, der gleichen Idee und dem gleichen Ideal Einheit zu zeigen. Es beschreibt die gemeinsame Reise auf dem gleichen Weg, die Einheit der Seelen und das Teilen eines Lebens gemäß dem Wohlgefallen Allahs. Das körperliche Beisammensein am gleichen Ort ist zweifellos nicht ausreichend, um der Bedeutung einer Familie gerecht zu werden; schließlich bedarf die Familie einer emotionalen und mentalen Zusammenkunft.

Die Familie ist eine der wertvollsten Gaben, die dem Menschen geboten wurden. Der Wert des Teilens der guten und schlechten Zeiten sowie der gemeinsamen Bemühung um ein friedvolles Leben kann mit keinem Schatz der Welt gemessen werden. Jedoch müssen diese Bemühungen das Gute und Schöne erzielen und jegliches Übel fernhalten. In dieser Hinsicht bietet Allah Ta´ala dem Menschen im ed-

---

10 Vgl. Tirmidhi: Sunan, Fada'il al-Dschihad, 20 (T1655); Nasa'i: Sunan, Dschihad, 12 (N3122).

len Koran vielerlei Familienbeispiele mit ihren guten und schlechten Seiten.

Während Er uns einerseits Seine Bestrafung in Erinnerung ruft, über diejenigen, die sich gegenseitig auf dem schlechten Weg begleiten, gemeinsam Übeltaten begehen und Allah vergessen,[11] lobt er andererseits die Frauen und Männer, die sich anfreunden und sich gegenseitig beim Guten helfen, und verkündet ihnen frohe Botschaft.[12] Beispielsweise wird die Familie des *Imran*, die Vorfahren der Jesus Mutter Maria/*Maryams* (a.s.), im Guten erwähnt,[13] wobei erzählt wird, dass die Familie des *Abu Lahab*, die unseren Propheten Muhammed (s.a.w.) jahrelang quälte, mit dem Höllenfeuer bestraft wird.[14]

Nachdem der Mensch seinen Lebenspartner gefunden hat, beginnt er den Wunsch zu verspüren, auch in der Zukunft zu existieren und seine Blutlinie fortzuführen. Seit Jahrtausenden beten die Menschen als Diener Allahs zu Ihm und bitten ihn darum, sie mit vorzüglichen, heilbringenden Kindern zu beschenken. Und ihr Herr, Allah Ta´ala, lehnt ihre diesbezüglichen Bittgebete nicht ab.[15] So wie Er die Erde verpflichtet, das Leben gedeihen zu lassen, so verpflichtet Er die Familie dazu, das Menschengeschlecht in die Zukunft zu tragen. Und dieser „spirituellen Erde" vertraut Allah einen Samen an, der den Liebling des Universums in sich birgt: das Kind.

---

11 Vgl. Koran: at-Tawba, 9/67-68.
12 Vgl. Koran: at-Tawba, 9/71-72.
13 Vgl. Koran: Al´Imran, 3/33-34.
14 Vgl. Koran: at-Tabbat, 111/1-5.
15 Vgl. Koran: al-Baqara, 2/128; Al´Imran, 3/38; Ibrahim, 14/40.

Genau dieser Samen nimmt mit all seiner Lieblichkeit seinen Platz unter den Gaben dieser Welt ein und bindet den Menschen an sich. Nun wird der erste Knoten, der durch die Verbindung zweier Seelen geknüpft wurde, gestärkt und gefestigt. Während das Kind das Gefühl des Familie-Seins zutiefst verstärkt, verleiht es dem Entwicklungsverlauf der Familie eine ganz neue Richtung.

Indem die Frau ein Kind bekommt, wird sie zur „Mutter". Wenn sie ihr Kleines an ihr Herz drückt, ist sie mit solch einer Herzensgüte erfüllt, dass sie unseren Propheten an die Barmherzigkeit Allahs gegenüber Seinen Dienern erinnert.[16] Eine Mutter zieht dieses kleine Leben, das sie trug, gebar und pflegte, ihrem eigenen Sein vor und kann keine Trennung von ihm ertragen. Die Bindung zwischen Mutter und Kind ist von solch großer Bedeutung, dass der Gesandte Allahs (s.a.w.) diejenigen, die diese Verbindung beschädigen, nachdrücklich warnt: *„Wer eine Mutter von ihrem Kind trennt, den trennt Allah am Tag der Auferstehung von seinen Liebsten."*[17] Und auch gibt es solche Momente, in denen die Mutter eine Dattel, die sie zu essen beabsichtigte, voller Erbarmen mit ihrem Kind teilt und aufgrund dieses Verhaltens das Paradies erlangt.[18]

Eine Mutter ist selbstlos, ihr ist keine Bemühung zu viel. Sie ist voller Liebe und die Türen ihres Herzens sind nie verschlossen. Sie ist vergebend und verweigert niemals die Zuflucht zu ihrem Schoß. Mit der Formulierung unseres Propheten (s.a.w.), „ist das Paradies unter den Füßen der

---

16 Vgl. Bukhari: Sahih, Adab, 18 (B5999); Muslim: Sahıh, Tawba, 22 (M6978).
17 Tirmidhi: Sunan, Buyuʿ, 52 (T1283); Darimi: Sunan, Siyar, 39 (DM2507).
18 Vgl. Muslim: Sahih, Birr wa Sila, 148 (M6694).

Mutter."[19] Der Gesandte Allahs (s.a.w.), der forderte, dass die Mutter unter jedem Umstand und unter jeder Bedingung gut behandelt wird, erwartete, dass ein gläubiger Nachwuchs selbst seiner ungläubigen Mutter nicht den Rücken kehrt und ihr Ehre und Güte erweist.[20] Denn die Mutter ist, laut der Aussage unseres Propheten: *„Die Person, die es am meisten verdient, dass eine gute Beziehung zu ihr geführt wird."*[21] Indem unser Prophet Muhammed (s.a.w.) bekannt gibt, dass Allah Ta´ala die Auflehnung und die Grausamkeit gegenüber der Mutter verbietet,[22] bezweckte er, die Mutter vor bedeutungslosen Diskussionen und endlosen Feindseligkeiten zu schützen.

Und indem der Mann ein Kind bekommt, wird er zum „Vater". Ab diesem Zeitpunkt existiert eine Seele, die bis zum Jüngsten Tag mit seinem Namen erwähnt werden wird.[23] Ein Vater, der die folgende Warnung unseres Propheten: *„Deine Familie hat ein Anrecht auf dich!"*[24], erhört, wird sich darum bemühen, seinen Verpflichtungen nachzukommen. Einerseits sollte er die Gaben, die er erhält, als Erstes mit seiner Familie teilen,[25] die Güte und das Gute in sein Heim tragen und andererseits sollte er sich Mühe geben, sein Heim von jeglichem Übel fernzuhalten, und nicht außer

---

19 Vgl. Nasa'i: Sunan, Dschihad, 6 (N3106).
20 Vgl. Bukhari: Sahih, Hiba, 20 (B2620); Muslim: Sahih, Zakah, 50 (M2325).
21 Vgl. Bukhari: Sahih, Adab, 2 (B5971); Muslim: Sahih, Birr wa Sila, 1 (M6500).
22 Vgl. Bukhari: Sahih, Adab, 6 (B5975); Muslim: Sahih, Aqdiyyah, 12 (M4483).
23 Vgl. Bukhari: Sahih, Nikah, 16 (B5088); Muslim: Sahih, Fada'il as-Sahaba, 62 (M6262).
24 Bukhari: Sahih, Adab, 86 (B6139); Muslim: Sahih, Siyam, 186 (M2734).
25 Vgl. Muslim: Sahih, Imarah, 10 (M4711); Abu Dawud: Sunan, 'Itq, 9 (D3957).

Acht lassen, dass, wenn er hierfür sein Leben opfern müsste, sein Tod als Märtyrertum gewertet würde.[26]

Zweifellos werden die Mühen eines Vaters, der sich den Propheten der Barmherzigkeit, der seinen familiären Angelegenheiten höchstpersönlich nachging,[27] zum Vorbild nimmt, nicht unbelohnt gelassen. Mit den Worten: *„Für jede Ausgabe, die du mit der Hoffnung, Allahs Wohlgefallen zu gewinnen, für deine Familie machst, wirst du gewiss Belohnung erhalten, selbst für einen Bissen, das du deiner Frau in den Mund reichst!"*[28], verkündete der Gesandte Allahs (s.a.w.), dass Väter für ihre Mühen belohnt werden. Doch ist die Verantwortlichkeit des Vaters nicht mit der Verpflegung und dem Unterhalt der Familienmitglieder begrenzt. Von ihm wird erwartet, dass er seine Nachkommen nicht in einer bedürftigen Lage hinterlässt[29] und sie zudem zu vorzüglichen Individuen erzieht, die in der Gesellschaft Frieden stiften; gemäß den Worten unseres Propheten: *„Kein Vater schenkte seinem Kind eine wertvollere Gabe als das gute Benehmen."*[30]

In der Familie stellt der Vater Respekt, Vertrauen und Segen dar. Mit seinen Worten: *„Mein Kind! Wenn du zu deiner Familie zutrittst, so grüße sie. Dies ist für dich und für die Familienmitglieder ein Segen"*[31], weist der Prophet Muhammed (s.a.w.) darauf hin, dass die Feinfühligkeit und die Barmherzigkeit des Vaters mit seinem ersten Schritt zu seiner Familie

---

26 Vgl. Abu Dawud: Sunan, Sunnah, 28-29 (D4772); Nasa'i: Sunan, Muharabah, 23 (N4099).
27 Vgl. Bukhari: Sahih, Adhan, 44 (B676); Bukhari: Sahih, Adab, 40 (B6039).
28 Bukhari: Sahih, Dschanaiz, 36 (B1295); Muslim: Sahih, Zakah, 48 (M2322).
29 Vgl. Bukhari: Sahih, Dschanaiz, 36 (B1295); Muslim: Sahih, Wasiyyah, 8 (M4215).
30 Tirmidhi: Sunan, Birr wa Sila, 33 (T1952).
31 Tirmidhi: Sunan, Isti'zan, 10 (T2698).

beginnen. Auf die gleiche Weise erreicht die Verheißung unseres Propheten auch den gewissenhaften Vater, der die Gerechtigkeit zwischen den Familienangehörigen beachtet: *„Diejenigen, die gegenüber den Menschen, deren Angelegenheiten sie verwalten, ihren Familien und den Personen, für die sie verantwortlich sind, gerecht handeln, werden bei Allah, dem Barmherzigen (ar-Rahman), auf Kanzeln aus Licht empfangen."*[32]

Für die Eltern ist das Kind ein seltenes Anvertrautes (*Amanah*) von Allah. Auch wenn es so zu sein scheint, als würde es dem heutigen Tag angehören, so ist es doch eine empfindliche anvertraute Gabe Allahs, welche für die Zukunft vorbereitet werden muss … Ein kleines, zerbrechliches Leben, dessen Bedürfnis nach Zuneigung und Liebe nie endet. Wie dem Koranvers: *„Und wisst, dass euer Besitz und eure Kinder eine Versuchung sind und dass es bei Allah großartigen Lohn gibt!"*[33], zu entnehmen ist, ist das Kind eine Art Prüfung. Eine Prüfung, die große Mühen abverlangt, damit am Ende der große Lohn erlangt werden kann …

Die Fürsorge, die die Eltern ihrem Kind entgegenbringen müssen, beginnt - noch bevor sich die erste Zelle bildet - mit dem Bittgebet, damit der Teufel dem Kind fern bleibt.[34] Eltern sollten, wenn sie ihr Kind empfangen, fern von den Gepflogenheiten der *Dschahiliyyah*[35], wie beispielsweise der Bevorzugung eines bestimmten Geschlechts, das Kind als eine Gabe Allahs betrachten. Sie sollten nicht zu den un-

---

[32] Muslim: Sahih, Imarah, 18 (M4721); Nasa'i: Sunan, Adab al-Qudat, 1 (N5381).
[33] Koran: al-Anfal, 8/28.
[34] Vgl. Bukhari: Sahih, Wudu', 8 (B141); Muslim: Sahih, Nikah, 116 (M3533).
[35] Der Begriff *Dschahiliyyah* beschreibt im engeren Sinne das Religions- und Sozialleben der Araber vor dem Islam. Breitgefasst beschreibt *Dschahiliyyah* individuelle sowie gesellschaftliche Sünden und Auflehnungen (Anm. d. Übers.).

wissend Handelnden gehören, die trauern, wenn sie eine Tochter empfangen, sich aber freuen, wenn das Kind ein Junge ist.[36] Als Danksagung für Allahs Gabe sollten Eltern ein *Aqiqah*-Opfer schächten,[37] ihm einen schönen Namen geben[38] und somit dafür sorgen, dass es die ersten Tage seines Lebens mit segensreichen Bittgebeten und Danksagungen beginnt.[39]

Die Aussage unseres Propheten (s.a.w.): *„Jeder wird im Zustand der Fitrah (reine Beschaffenheit - fähig, die Wahrheit zu erkennen) geboren. Dann machen ihn seine Eltern zu einem Juden, Christen oder zu einem Zoroastrier (Feueranbeter)"*[40], fasst mit offenen Worten zusammen, welch großen und bleibenden Einfluss Eltern auf ihre Kinder haben. Wie ein Edelstein, der bereit zum Formen ist, ist das Menschenkind von Geburt an dazu bereit, das Gute zu akzeptieren und das Schöne zu verinnerlichen. Dass es eine tugendhafte Persönlichkeit erlangt und gesunde Beziehungen zu seiner Außenwelt aufbaut, kann durch die Unterstützung seiner Eltern verwirklicht werden. Zugleich ist die Familie auch der Ort, an dem das Fundament der Religiosität gelegt wird, welches das Kind zur Rechtleitung und dem rechten Weg führt.

Das Elternpaar steht nach seinen ersten Pflichten einer Reihe von Pflichten gegenüber, die ein Leben lang bestehen. Sie werden sich pausenlos abmühen, während sie den Lohn ihrer Mühen nicht von ihrem Kind, sondern von Allah Ta´ala,

---

36 Vgl. Koran: an-Nahl, 16/58-59; az-Zufruf, 43/17.
37 Vgl. Bukhari: Sahih, Aqiqah, 2 (B5472); Abu Dawud: Sunan, Dahaya, 20-21 (D2842).
38 Vgl. Abu Dawud: Sunan, Adab, 61 (D4948).
39 Vgl. Bukhari: Sahih, Aqiqah, 1 (B5467); Bukhari: Sahih, Adab, 109 (6198).
40 Bukhari: Sahih, Tafsir, (ar-Rum), 2 (B4775); Muslim: Sahih, Qadr, 22 (M6755).

Der ihnen dieses schenkte, erhoffen. Denn das Kind hat es nötig, seine Familie in allen Phasen seines Lebens bei sich zu spüren. Wie aus dem Beispiel unseres Propheten (s.a.w.) zu entnehmen ist, sollte das Kind – welches in der frühen Kindheit mit Barmherzigkeit,[41] in der späteren Kindheit mit Liebe[42] und im Jugendalter mit Verständnis[43] großgezogen wird – in Folge der Entscheidung, welche im Rahmen des Respekts und Einvernehmens getroffen wird, verheiratet werden.[44]

Doch selbst das Verheiraten des Kindes ist nicht das Ende der elterlichen Verantwortung. Besonders dem Kind die Tür des Familienheims nach der Heirat zu schließen und eine Rückkehr als unmöglich zu betrachten, widerspricht der Moral eines Muslims. Selbstverständlich ist eine Scheidung eine unerwünschte Situation,[45] jedoch verkündete der Gesandte Allahs (s.a.w.) der Familie, die ihre geschiedene Tochter unter ihre Obhut nimmt und für ihren Unterhalt sorgt, mit froher Botschaft und sagte: *„Soll ich euch über die wertvollste Sadaqa (Wohltat) berichten? (Die vorzüglichste Sadaqa ist die Ausgabe für) deine Tochter (die das Haus ihres Mannes verlassen hat), die bei dir (im Haus ihres Vaters) ihre Zuflucht sucht, da sie niemanden außer dir hat, und du für ihren Unterhalt aufkommst."*[46]

Folglich sind die Familienbande von solch einer Beschaffenheit, dass sie nicht auf eine bestimmte Zeit begrenzt werden kann. Der Mensch kann seine Familie nicht einfach durch

---

41 Vgl. Ibn Hanbal: Musnad, VI, 340 (HM27416).
42 Vgl. Muslim: Sahih, Fada'il, 64 (M6027).
43 Vgl. Muslim: Sahih, Fada'il, 52 (M6013).
44 Vgl. Tirmidhi: Sunan, Nikah, 18 (T1107).
45 Vgl. Abu Dawud: Sunan, Talaq, 3 (D2178).
46 Ibn Madscha: Sunan, Adab, 3 (IM3667).

das Abbrechen der Beziehungen oder durch Verbitterung von seiner Persönlichkeit separieren! Unser Prophet Muhammed (s.a.w.) verkündete: *„Wer von einem anderen als seinem eigenen (leiblichen) Vater – wissend, dass er nicht sein leiblicher Vater ist – behauptet, von ihm abzustammen, dem wird das Paradies verboten."*[47] Dementsprechend besitzt der Mensch nicht das Recht, seine Familie zu leugnen oder zu behaupten, er würde von einer anderen Familie abstammen.[48] Das Gleiche gilt auch für den Fall, dass ein Vater sein Kind verstößt. Denn die Familienbande sind Beziehungen, die auf ewig fortbestehen. Auch wenn das diesseitige Leben ein Ende hat und, wie es unser Prophet verkündete, „die Familie den Verstorbenen bis zu seinem Grab begleitet", und letztendlich von dessen Grabstätte zurückkehren muss,[49] so wird doch erhofft, dass sie sich im Jenseits wieder zusammenfinden. Die Guten mit den Guten, die Schlechten mit den Schlechten …

Wenn Menschen, die eine Familie gründeten, zu Eltern wurden, ein Kind verheirateten und Enkel bekamen, auf ihr Leben zurückblicken, werden sie wahrnehmen, dass sie sich zu jeder Zeit in einer Familie befanden. Sie wurden in eine Familie geboren und nach ihrer Geburt zog sie eine Familie groß. Mit der Heirat gründeten sie ihre eigene Familie und mit dem Verheiraten ihrer Kinder wurden ihre Familien größer. Im Grunde gründeten sie niemals eine Familie aus dem Nichts, sondern führten ihr Leben immer in einer Familie fort. Sie waren immer von der Familie umgeben. Die

---

47 Bukhari: Sahih, Fara'id, 29 (B6766).
48 Vgl. Muslim: Sahih, Iman, 112 (M217); Muslim: Sahih, Hadsch, 467 (M3327).
49 Vgl. Bukhari: Sahih, Riqaq, 42 (B6514); Muslim: Sahih, Zuhd wa Raqaiq, 5 (M7424).

Familie war ihnen ein Strang der Barmherzigkeit, der ihnen ab ihrer Geburt von Allah geboten wurde, die sie allerdings erst im Nachhinein begreifen. Zugleich verstehen sie, dass der Tod keine Trennung von der Welt, sondern von der Familie ist. Draußen, auf der Welt ist es kalt und unpersönlich, während es drinnen, in der Familie warm und behaglich ist; aus diesem Grund sagte unser Prophet (s.a.w.) „mein *Ahl al-Bayt*" (meine Familienangehörigen).[50]

Wie alle Gaben, die Allah Ta´ala den Menschen beschert, birgt auch das Familienleben in einer Hinsicht Schwierigkeiten mit sich. Die Beschäftigung mit der Familie kann den Menschen so mitreißen und irreführen, dass sie ihn seine wahrhaftige Pflicht vergessen lässt, weshalb sie eine schwierige Prüfung darstellt: *„Oh, die ihr glaubt! Euch sollen weder euer Besitz noch eure Kinder von Allahs Gedenken ablenken. Diejenigen, die dies tun, das sind die Verlierer."*[51]

Der Mensch, der sich zu mancher Zeit mit der Vielzahl seiner Familienangehörigen rühmt,[52] vergisst, dass ihm nicht sein Ehepartner oder seine Kinder, sondern seine rechtschaffenen Werke Allahs Nähe einbringen.[53] Dabei kann ein prachtvolles Leben mit Vermögen und Kindern eine Person, die keinen Glauben (*Iman*) in ihrem Herzen trägt, nicht vor der Hölle retten[54] und kann sogar ihren Irrgang und ihre Bestrafung noch weiter anfechten.[55]

---

50 Vgl. Muslim: Sahih, Fada´il as-Sahaba, 36.
51 Koran: al-Munafiqun, 63/9.
52 Vgl. Koran: as-Saba, 34/35.
53 Vgl. Koran: as-Saba, 34/37; al-Kahf, 18/46.
54 Vgl. Koran: Al´Imran, 3/10, 116.
55 Vgl. Koran: at-Tawba, 9/85; al-Mu´minun, 22/55-56.

Die Familie, die im *Hadith* des Propheten (saw.): „*Der Mensch wird mit seiner Familie, seinem Besitz, seiner Triebseele (Nafs), seinem Kind und seinem Nachbarn geprüft. Das Fasten, das Ritualgebet, die Sadaqa (Spende/Wohltat) und das Gebieten des Rechten und das Verbieten des Verwerflichen sind Buße für genau diese Prüfung (die Fehler, die während dieser Prüfung aufkommen)*"[56], als ein „Anlass der Prüfung" bezeichnet wird, ist ein sensibles Netz des Gleichgewichts, das zwischen Mutter, Vater und Kind aufgebaut wird. Unter dem gleichen Dach zu leben steigert nicht nur die Anrechte, sondern auch die Verpflichtungen. Je näher die Menschen beieinander leben, desto mehr Fürsorge muss für ein friedvolles Beisammensein gezeigt werden. An diesem Punkt unterlässt unser Prophet (s.a.w.) es, bei der Regelung der Beziehung zwischen Eheleuten einseitig Pflichten aufzutragen oder einem der Ehepartner unbegrenzte Freiheit zu gewähren: „*Gebt Acht! So wie ihr ein Anrecht auf euren Frauen habt, so haben auch sie ein Anrecht auf euch.*"[57]

Für die Frau ist die Familie einer der Bereiche, in denen die Prüfung des Lebens am schwierigsten verläuft. Manchmal bemüht sich die Frau darum, die Eigenschaft der „*saliha* (guten, rechtschaffenen) Frau" zu erlangen, bei deren Anblick innerer Frieden empfunden wird, die sich keiner Mühe enthält und die gut mit ihrem Ehemann auskommt.[58] Und manchmal bleibt sie ohne Ehemann zurück und trägt die Last der Familie allein auf ihren Schultern, sodass sie

---

56 Muslim: Sahih, Fitan wa Aschrat as-Sa'a, 26 (M7268); Bukhari: Sahih, Mawa-qit as-Salah, 4 (B525).
57 Tirmidhi: Sunan, Tafsir al-Qur'an, 9 (T3087); Ibn Madscha: Sunan, Nikah, 3 (IM1851).
58 Vgl. Muslim: Sahih, Rada', 64 (M3649); Abu Dawud: Sunan, Zakah, 32 (D1664).

darauf zusteuert, im Paradies eine Nachbarin unseres Propheten zu werden.[59] Während jeder Schritt, den sie hin zur Erziehung eines rechtschaffenen, vorzüglichen Kindes tut, dem Lohn würdig ist, erlangt sie zu mancher Zeit das Paradies durch das Erdulden des Schmerzes, den sie aufgrund des Verlustes ihres Kindes verspürt.[60]

Den Vater, der die Verantwortung seiner Familie auf sich nimmt, betreffend, ist die Mahnung: *„Oh, die ihr glaubt! Bewahrt euch selbst und eure Angehörigen vor einem Feuer, dessen Brennstoff Menschen und Steine sind!"*[61], äußerst ausdrucksvoll. Mit der Führung unseres Propheten Muhammed (s.a.w.) wird ihm jeder Cent, den er für seine Familie ausgibt, als das wertvollste Geld als *Sawab* (Belohnung Allahs) eingetragen[62] und seine Ausgaben für die jährliche Versorgung seines Haushalts[63] werden ihm als einen Teil des *Infak*[64] seinerseits geltend gemacht.

Mit der Aussage: *„Der Beste unter euch ist derjenige, der seine Familie am besten behandelt. Und ich bin derjenige unter euch, der seine Familie am besten behandelt"*[65], fordert der Gesandte Allahs (s.a.w.) die muslimischen Männer dazu auf, ihre Familien gut zu behandeln. Das Oberhaupt als der Vater des Hauses sollte freundlich und mild gegenüber seiner Familie sein. Er sollte die schönen Gefühle, die er empfindet, nicht verbergen und sich nicht davor scheuen, die Tugenden, die

---

59 Vgl. Abu Dawud: Sunan, Adab, 120-121 (D51499.
60 Vgl. Muslim: Sahih, Birr wa Sila, 151 (M6698).
61 Koran: at-Tahrim, 66/6.
62 Vgl. Muslim: Sahih, Zakah, 39 (M2311).
63 Vgl. Bukhari: Sahih, Nafaqat, 3 (B5357); Muslim: Sahih, Dschihad, 48 (M4575).
64 Als *Infak* wird die Ausgabe/Spende bezeichnet, mit der das Wohlgefallen Allahs erzielt wird (Anm. d. Übers.).
65 Tirmidhi: Sunan, Manaqib, 63 (T3895).

er sieht, zu loben. Der Habitus unseres Propheten, der mit seinen Enkeln lachte und spielte,[66] sie fest umarmte und küsste,[67] sie sogar auf seinen Schoß nahm und auf diese Weise die *Hutba* (Predigt) verlas[68] und sein Ritualgebet mit seinem Enkel auf dem Rücken verrichtete,[69] sollte allen Vätern ein Vorbild sein.

Unser Prophet Muhammed (s.a.w.) lehnte die Ungerechtigkeit in der Familie unbedingt ab.[70] Dass ein Elternteil nicht für all seine Kinder das gleiche Maß an Liebe empfindet, kann möglicherweise dem geschuldet sein, dass das Herz nicht kontrollierbar ist, uns so erklärt werden. Jedoch muss auch in solch einem Fall die Gerechtigkeit gewahrt werden, indem diese Gefühle nicht in den Handlungen widergespiegelt werden und indem kein Unterschied unter den Kindern gemacht wird.[71] Denn jeder Erwachsene, der ein Mitspracherecht in der Familie besitzt, ist ein Adressat des Gebots: *„Fürchtet Allah und handelt gerecht zwischen euren Kindern!"*[72]

Mit den Worten: *„Jeder einzelne von euch ist ein Verantwortlicher und ihr alle seid für die, über die ihr waltet, verantwortlich. Das Staatsoberhaupt ist ein Verantwortlicher und ist für die, über die er waltet, verantwortlich. Der Vater ist ein Verantwortlicher und ist für die, über die er waltet, verantwortlich. Die Frau des Hauses ist eine Verantwortliche und ist für die, über die sie waltet, verantwortlich. Und der Diener ist ein Verantwortlicher des Besitzes seines Herrn und ist für das, worüber*

---

66 Vgl. Tirmidhi: Sunan, Manaqib, 30 (T3784); Ibn Madscha: Sunan, Sunnah, 11 (IM144).
67 Vgl. Bukhari: Sahih, Buyu', 49 (B2122).
68 Vgl. Abu Dawud: Sunan, Salah, 225, 227 (D1109).
69 Vgl. Nasa'i: Sunan, Masaschid, 19 (N712).
70 Vgl. Muslim: Sahih, Hiba, 14 (M4182).
71 Vgl. Abu Dawud: Sunan, Adab, 120-121 (D5146).
72 Bukhari: Sahih, Hiba, 13 (2587); Muslim: Sahih, Hiba, 13 (M4181).

er waltet, verantwortlich"[73], erinnert unser Prophet (s.a.w.) alle an ihre eigenen Verpflichtungen und Verantwortungen.

Beim Verlesen des Koranverses: *„[…] Die (wahren) Verlierer sind diejenigen, die am Tag der Auferstehung sich selbst und ihre Familienangehörigen verlieren"*[74], erbeben die Herzen der gläubigen Mütter und Väter. Hand in Hand bemühen sie sich darum, in ihrem Familiennest eine spirituelle Atmosphäre zu schaffen und das Wohlgefallen Allahs zu erlangen. Flehend beten sie zu Allah Ta´ala, sodass Er ihren Familien Vergebung und Wohlergehen zuteilwerden lässt und sie, „unter diejenigen nimmt, die Ihm sowohl auf der Welt als auch im Jenseits mit *Ihlas*[75] ergeben sind."[76] Ihre Bitte lautet stets: *„[…] Unser Herr! Schenke uns an unseren Gattinnen und unseren Nachkommen Grund zur Freude und mache uns für die Rechtschaffenen zu einem Vorbild."*[77]

---

73 Bukhari: Sahih, Istiqradh, 20 (B2409); Muslim: Sahih, Imarah, 20 (M4724).
74 Koran: az-Zumar, 39/15.
75 *Ihlas* beschreibt in der islamischen Ethik die Eigenschaft eines Muslims, nach der er in all seinen Handlungen und Worten lediglich das Wohlgefallen Allahs beabsichtigt (Anm. d. Übers.).
76 Vgl. Abu Dawud: Sunan, Tafriu-u Abwab al-Witr, 25 (D1508).
77 Koran: al-Furqan, 25774.

DIE ELTERN: MÜHE, SEGEN UND DER WEG INS PARADIES

Nach einer langen Reise kam er nach Medina, um den Propheten (s.a.w.) zu sehen. Zunächst wollte er bezeugen, dass er (Muhammed (s.a.w.)) der letzte Gesandte Allahs ist und seinen Glauben mit dem Treueeid festigen. Anschließend wollte er seine Seele, die aufgrund des Islams freudig erregt war, das Bemühen auf dem Wege Allahs (Dschihad) kosten lassen und mit dem Wunsch, sein Leben für seinen Glauben zu opfern, sich in den Reihen des Heeres des Propheten aufstellen.

Er hatte seine Familie zurückgelassen. Seine alten Eltern, die auf seine Hilfe angewiesen waren ... Vielleicht waren sie sogar gekränkt, weil sie um das Feuer in seinem Herzen wussten und ahnten, dass dieser Abschied

ein Abschied für immer werden könnte. Nun stand er vor dem Propheten. Als er seine Absicht bekundete, konnte er nicht anders, als zu sagen: „Ich habe meine Mutter und meinen Vater weinend hinter mir gelassen und bin zu dir gekommen, oh Gesandter Allahs!" Es schien, als würde er zeigen wollen, wie sehr er gewillt war, alles für seinen Glauben zu tun. Jedoch reichte die Antwort des Propheten aus, um seine Gedanken vollkommen auf den Kopf zu stellen: *„Kehre zu ihnen zurück und bringe sie zum Lachen, so wie du sie zum Weinen gebracht hast!"*[1]

---

[1] Abu Dawud: Sunan, Dschihad, 31 (D2528); Nasa'i: Sunan, Bai'a, 10 (N4168); Ibn Madscha: Sunan, Dschihad, 12 (IM2782); Scharh Ibn Battal: IX, S. 191(IŞ9/191).

"Kehre zurück und frage deine Eltern um Erlaubnis. Wenn sie dir die Erlaubnis geben, dann beteilige dich am Kampf. Wenn nicht, dann behandle sie gut"[2], sagte der Prophet. Er sagte sogar, als ob er den Dienst für die Eltern mit dem Dschihad, der Bemühung auf Allahs Wegen, gleichsetzen würde: *"Mache für sie Dschihad!"*[3] So antwortete unser Prophet (s.a.w) auch auf die Frage: "Welche ist die beste unter den Taten?", folgendermaßen: *"Das rituelle Gebet, welches zur rechten Zeit verrichtet wird, und die gute Tat für die Eltern. Und danach kommt das Bemühen auf dem Wege Allahs."*[4] In diesem Sinne besaß die Beziehung zu den Eltern ein solches Ausmaß, das es mit dem Wohlgefallen Allahs in Verbindung stand.

Die *Hadith*-Literatur beinhaltet äußerst viele *Ahadithe* des Propheten (s.a.w.), die der Regelung des Verhältnisses zu den Eltern gelten. In den *Ahadithen* wird das Wort *„Birr"*, das „Wohltat" bedeutet, bevorzugt. Wiederum wurde die Auflehnung gegenüber den Eltern oder das Nichtbeachten ihrer Rechte in vielen Quellen mit dem Wort *„'Uquq"* zum Ausdruck gebracht, welches das Gegenteil von *„Birr"* ist. Eigentlich umfasst das in *Ahadithen* erwähnte *„Birr"* alle Wohltaten und Schönheiten im Diesseits und Jenseits. Im Diesseits der Rechtleitung zu folgen, die Gaben (und Gunst) Allahs zu erfahren und mit Heil gesegnet zu werden, sind verschiedene Erscheinungsformen der Wohltat/Güte. Auch beinhaltet dieses Wort, am jüngsten Tag die ewige Glückseligkeit im Paradies zu erlangen.

Das Wort *„Birr"* stellt die tiefe Verbundenheit mit den Eltern, ihre Herzen nicht zu brechen und ihre Versorgung

---

2 Abu Dawud: Sunan, Dschihad, 31 (D2530).
3 Bukhari: Sahih, Adab, 3 (B5972); Muslim: Sahih, Birr wa Sila, 5 (M6504).
4 Bukhari: Sahih, Tawhid, 48 (B7534); Muslim: Sahih, Iman, 139 (M254).

und Pflege in hohem Alter dar. Zugleich sind diese Handlungen auch ein Ausdruck der Ergebenheit zu Allah. In dieser Hinsicht kann die Wohltat für die Eltern als ein Weg zur Erlangung des Wohlgefallen Allahs gewertet werden. Die Auflehnung jedoch, die das Gegenteil hiervon darstellt, bedeutet, die Rechte der Eltern zu verletzen und die Beziehung zu ihnen zu zerstören. Ohnehin trägt „'Uquq", als das Gegenteil von „Birr", Bedeutungen wie „abbrechen" und „auflösen". Sich gegen die Eltern aufzulehnen, bedeutet, die Beziehung zu ihnen abzubrechen.

Allah, Der Erhabene, mag die Auflehnung gegen die Eltern nicht.[5] Der Herr der Welten wird am Tag des Jüngsten Gerichts demjenigen, der sich gegen seine Eltern auflehnte, keine Beachtung schenken[6] und wird ihn nicht in Sein Paradies einlassen.[7] Auch die Aussagen unseres Propheten (s.a.w.), die dazu raten, nicht aufmüpfig gegen die Eltern zu sein, besitzen denselben entschiedenen Ton. Beispielsweise ist es äußerst denkwürdig, dass er, nachdem er die Frage: *„Soll ich euch sagen, was die größte der großen Sünden ist?"*, stellte, und gleich nach der Aussage: *„Allah einen Partner beizugesellen"*, direkt im Anschluss dann: *„Das Auflehnen gegen die Eltern und sie zu quälen"*, als die größte der großen Sünden nannte.[8] Der Ausdruck „'Uquq al-Walidayn", der in allen dieser Mahnungen vorkommt, trägt Bedeutungen wie, „das grobe und respektlose Behandeln der Eltern", „die Missachtung ihrer Worte" und „das Brechen ihrer Herzen mit einer rebellischen Verhaltensweise". Selbstverständlich

---

5 Vgl. Abu Dawud: Sunan, Dahaya, 20-21 (D2842); Nasa'i: Sunan, 'Aqiqah, 1 (N4217).
6 Vgl. Nasa'i: Sunan, Zakah, 69 (N2563).
7 Vgl. Nasa'i: Sunan, Aschriba, 46 (N5675); Darimi: Sunan, Aschriba, 5 (D2125).
8 Bukhari: Sahih, Adab, 6 (B5976); Tirmidhi: Sunan, Schahadah, 2 (T2301).

umfasst dieser Ausdruck auch, „sich nicht um die Pflege der Eltern zu kümmern", „sich ihrer Bedürfnisse nicht anzunehmen", „sie einsam zurückzulassen" und „sich nicht über ihren Zustand oder ihr Wohlergehen zu erkundigen".

Den Koranvers betreffend, in dem geboten wird: „*Wenn (die Eltern) [...] ins hohe Alter kommen, sage nicht einmal ,uff!' zu ihnen [...]*"⁹, wird oft die Interpretation, den Meinungen und Forderungen der Eltern, egal in welchem Alter sie auch sein mögen, nicht zu widersprechen, wiedergegeben. Wiederum verbietet Allah Ta´ala höchstpersönlich, den falschen Wünschen und der falschen Leitung der Eltern zu folgen: „*[...] Doch wenn sie dich dazu bringen wollen, dass du Mir das beigesellst, wovon du kein Wissen hast, dann gehorche ihnen nicht! [...].*"¹⁰

Dementsprechend ist es ausgeschlossen, dass der Wunsch der Mutter erfüllt werden darf, wenn sie ihr Kind zum Abbruch des Verhältnisses eines Verwandten zwingen möchte, weil sie selbst mit diesem zerstritten ist, oder dass der Wunsch des Vaters erfüllt werden darf, wenn dieser sein Kind im Handel zum Betrug verleitet. Weder die Mutter noch der Vater können in solchen Fällen ihre Anstrengungen und Bemühungen, die sie für ihre Kinder auf sich genommen hatten, für „*Haram*" erklären (ihre Kinder verstoßen oder verwünschen). Denn für beide Parteien ist die Ergebenheit gegenüber Allah und seinen Geboten grundlegend. Das Verhältnis zwischen Eltern und Kind sollte demgemäß an Allahs Wohlgefallen orientiert sein. Selbstverständlich ist das Kind dazu verpflichtet, den Mahnungen der Eltern bezüglich der *Halal-* (erlaubten) und *Haram-* (verbotenen) An-

---

9   Koran: al-Isra, 17/23.
10 Koran: al-Ankabut, 29/8; Loqman, 31/15.

gelegenheiten zu folgen. Schließlich bedeutet dies zugleich, die von Allah Ta´ala bestimmten Grenzen einzuhalten.

Das Kind, das das Wohlwollen Allahs berücksichtigt, muss so aufrichtig sein, dass es selbst gegen die eigenen Eltern vor Allah Zeugnis ablegen könnte.[11] Allerdings sollte nicht vergessen werden, dass das Verfluchen und Beleidigen der Eltern den Fluch Allahs mit sich bringt.[12] Eine Person sollte diesbezüglich äußerst achtsam umgehen und nicht die Eltern anderer verfluchen, damit sie so nicht die Beschimpfung oder Verfluchung ihrer eigenen Eltern verursacht.[13]

In manchen Fällen wird die Pflege von guten Beziehungen unmöglich. Manchmal ist es die Aufsässigkeit des Kindes, die vom Unglauben und Aberglauben herrührt,[14] und manchmal der Hass der Eltern,[15] der das Fundament der guten Beziehungen zerstört. In diesem Fall kann es, laut den Versen: *„Oh, die ihr glaubt! Nehmt nicht eure Väter und eure Brüder zu Schutzherren, wenn sie den Unglauben mehr lieben als den Glauben. Wer von euch sie zu Vertrauten nimmt, das sind die Ungerechten"*[16], und: *„Dem Propheten und denjenigen, die glauben, steht es nicht zu, für die Götzendiener um Vergebung zu bitten, auch wenn es Angehörige wären, nachdem es ihnen klargeworden ist, dass sie Insassen der Hölle sein werden"*[17], sein, dass man nichts mehr für sie tun kann.[18]

---

11 Vgl. Koran: an-Nisa, 4/135.
12 Vgl. Muslim: Sahih, Adahi, 43 (M5124); Ibn Hanbal: Musnad, I, S. 217 (HM1875).
13 Vgl. Abu Dawud: Sunan, Adab, 119 -120 (D5141); Tirmidhi: Sunan, Birr wa Sila, 4 (T1902).
14 Vgl. Koran: at-Taghabun, 64/14.
15 Vgl. Koran: Maryam, 19/46; Tirmidhi: Sunan, Tafsiral-Qur'an, 29 (T3189).
16 Koran: at-Tawba, 9/23; al-Mudschadala, 58/22.
17 Koran: at-Tawba, 9/113.
18 Vgl. Tirmidhi: Sunan, Tafsiral-Qur'an, 9 (T3101); Ibn Hanbal: Musnad, I, S. 99 (HM771).

In Anbetracht dessen ist es die Pflicht des Kindes, den Eltern zum Guten zu raten und sich darum zu bemühen, sie vom Schlechten abzuhalten. Der Alters- und Statusunterschied zwischen Kind und Eltern ist kein Hindernis, um diese Aufgabe auf eine aufrichtige und feinfühlige Weise zu erfüllen. Das schönste Beispiel hierfür ist „unser Urvater Abraham"[19], der seinen Vater unentwegt und ohne grob zu werden, zum Rechten einlud,[20] jedoch aufgrund des grob abweisenden Verhaltens seines Vaters sich letztendlich von ihm entfernen musste.[21]

Wie auch in allen Angelegenheiten sollte der Mensch grundsätzlich durch sein Verhalten gegenüber seinen Eltern ein gutes Beispiel für seine Kinder sein. In einer Hinsicht lehrt er seine Kinder so, wie sie ihn später behandeln sollen, und investiert in diesem Sinne in seine eigene Zukunft. Ohne Zweifel: *„Ist der Lohn des Guten nicht ebenfalls das Gute?"*[22] Laut einer Überlieferung von *Anas ibn Malik* (r.a.) sagte der Gesandte Allahs (s.a.w.) Folgendes: *„Ehrt eine junge Person einen Alten aufgrund seines hohen Alters, so stellt Allah ihm jemanden zur Verfügung, der ihn im hohen Alter ehren wird."*[23] Das Kind hat kein Recht, sich an den Eltern, die ihn einst schlecht behandelten, zu rächen und ihnen die Wohltat zu verwehren. In diesem Fall ist die folgende Empfehlung: *„Seid nicht von den banalen Menschen, die sagen: ‚Wir richten unsere Handlungen nach den Menschen: Solange jeder Gutes tut, werden auch wir Gutes tun. Wenn aber andere drangsalieren, so werden wir diesen mit Schikane antworten!'"*[24], äußerst be-

---

19 Koran: al-Hadsch, 22/78.
20 Vgl. Koran: al-An´am, 6/74; al-Anbiya, 21/52.
21 Vgl. Koran: at-Tawba, 9/114.
22 Koran: ar-Rahman, 55/60.
23 Tirmidhi: Sunan, Birr wa Sila, 75 (T2022).
24 Tirmidhi: Sunan, Birr wa Sila, 63 (T2007).

deutsam. Im Gegenteil sollte der Egoismus beiseitegelassen und der Empfehlung unseres Schöpfers Gehör geschenkt werden: *„Nicht gleich sind die gute Tat und die schlechte Tat. Wehre mit einer Tat, die besser ist, (die schlechte) ab, dann wird derjenige, zwischen dem und dir Feindschaft besteht, so, als wäre er ein warmherziger Freund."*[25] Folglich sollte der Mensch, während er noch ein Kind ist, nicht vergessen, dass er eines Tages selbst Mutter oder Vater werden wird. Genau wie die Eltern niemals vergessen sollten, dass sie einst auch jung waren!

Allah Ta´ala erschuf das weltliche Leben zeitlich befristet, um den Menschen zu prüfen,[26] und wählte unsere Eltern als Ursache, um uns auf diese Welt zu bringen. Seit Adam und Eva (a.s.) brachte[27] Er unzählige Mütter und Väter zusammen und vereinte ihr Leben, damit die Seelen einen irdischen Körper bekommend auf die Welt gesetzt werden konnten.[28]

Niemandem wurde die Möglichkeit gegeben, auf die Mutter und den Vater zu verzichten oder sein Kind gegen ein anderes umzutauschen. Darüber hinaus wird demjenigen, der diese Verbindung verleugnet, das Paradies versagt, wie es in folgendem *Hadith* erläutert wird: *„Wer von einem anderen als seinem eigenen (leiblichen) Vater – wissend, dass er nicht sein leiblicher Vater ist – behauptet, von ihm abzustammen, dem wird das Paradies verboten."*[29] Diese Zusammengehörigkeit, die mit der Bindung im Mutterleib beginnt und trotz der

---

25 Koran: al-Fussilat, 41/34; ar-Ra´d, 13/22; al-Mu´minun, 23/96.
26 Vgl. Koran: al-Mulk, 67/2.
27 Vgl. Koran: al-A´raf, 7/27.
28 Vgl. Koran: al-Mu´minun, 23/12-14; al-Mursalat, 77/20-23.
29 Bukhari: Sahih, Fara'id, 29 (B6766); Muslim: Sahih, Iman, 113 (M218); Muslim: Sahih, Iman, 114 (M219).

Durchtrennung der Nabelschnur ein Leben lang weiterbesteht, währt sogar über den Tod hinaus[30] noch im ewigen Jenseits, der letzten Heimatstädte des Menschen, fort.[31] Der Mensch, der, so lange er atmet, mit all seiner Freude und Trauer ein Leben mit seinen Eltern verbringt, versucht nach deren Ableben, sie in den Erinnerungen weiterleben zu lassen. Diese beständige Beschaffenheit des Verhältnisses zwischen Eltern und Kind beeinflusst das Leben zutiefst. Manche Menschen geben ihrem eigenen Sein über ihre Kinder einen Sinn. Während sie sich mit allem ihren Kindern widmen, vergessen sie fast schon ihre eigene Existenz. Wenn sie von ihrem Besitz und von ihren Söhnen reden, schwillt ihre Brust voller Stolz.[32] Sie betrachten sie als einen Teil ihrer Macht und als ein Zeichen ihrer Würde. Auf der anderen Seite werten einige Menschen ihre Existenz über ihre Eltern auf. Sie gestalten ihre Entscheidungen, Träume und Pläne stets mit ihren Eltern. Wenn sie sich irgendwo vorstellen müssen, kommen sie nicht umhin, auch die Namen ihrer Eltern zu erwähnen. Sie meistern das Leben mit der Bequemlichkeit, sich fest am Werdegang ihrer Eltern zu halten und ihre Existenz über diese abzusichern.[33] Sie treiben den Stolz auf ihre Verwandtschaft so auf die Spitze, dass sie anfangen, die Anzahl ihrer Vorfahren auf den Friedhöfen zu berechnen.[34] Sie wollen sich der Realität im Ausspruch des Propheten (s.a.w.): *„Jemanden, den seine Taten zurückwerfen, kann seine Verwandtschaft nicht voranbringen"*[35], nicht stellen.

---

30 Vgl. Muslim: Sahih, Wasiyyah, 14 (M4223); AbuDawud: Sunan, Adab, 119 (D5142).
31 Vgl. Koran: ar-Ra´d, 13/23.
32 Vgl. Koran: Maryam, 19/77; al-Hadid, 57/20; al-Qalam, 68/14.
33 Vgl. Koran: al-Maida, 5/104; Loqman, 31/21.
34 Vgl. Koran: al-Takathur, 102/1-2.
35 Muslim: Sahih, Dhikr, Dua, Tawba wa Istighfar, 38 (M6853); Abu Dawud: Sunan, ʿIlm, 1 (D3643).

Doch während die Eltern sich an das Kind binden und das Kind sich auf seine Eltern verlässt, scheint der Mensch vergessen zu haben, dass, *„ein Tag [kommen wird], an dem weder ein Vater etwas für sein Kind begleichen kann, noch ein Kind für seinen Vater etwas wird begleichen können".*[36]

In diesem Zusammenhang sollte der *Hadith*: *„Das Wohlgefallen des Schöpfers hängt vom Wohlgefallen der Eltern ab. Der Zorn des Schöpfers wiederum hängt vom Zorn der Eltern ab"*[37], wohl bedacht werden. Obwohl das Verhältnis zwischen Kind und Eltern als eine Möglichkeit zur Erlangung des Wohlgefallen Allahs akzeptiert wird, ist es bestürzend, dass sie durch die weltliche Begierde des Menschen in ein Netz materieller Beziehungen umgewandelt wird. Damit die Beziehung, die er zu seinen Nächsten aufbaut, seine Hingabe zu Allah Ta'ala nicht abstumpfen lässt, wird der Mensch Adressat folgender göttlicher Ermahnung: *„Oh die ihr glaubt, nicht ablenken sollen euch euer Besitz und eure Kinder von Allahs Gedenken. Diejenigen, die dies tun, das sind die Verlierer."*[38]

So wie das Verhältnis zwischen Eltern und Kind von großer Bedeutung ist, so ist sie im Grunde genommen gleichzeitig eine schwere Prüfung.[39] Zweifellos sind es die Eltern, die nach dem Eintreffen des Kindes in die Familie in den darauf folgenden Jahren die Art und Dimension der Beziehung bestimmen und die Last auf ihren Schultern tragen. Sie sind es, die für die Bedürfnisse ihrer Kinder aufkommen im Säuglingsalter, wenn sie gerade auf die Welt gekommen sind und ohne Hilfe noch nicht überleben können, und

---

36 Koran: Loqman, 31/33; asch-Schuara, 26/88.
37 Tirmidhi: Sunan, Birr wa Sila, 3 (T1899); Bayhaqi: Schu'ab al-Iman, VI, S. 177 (BSCH7830).
38 Koran: al.Munafiqun, 63/9.
39 Vgl. Koran: al.Anfal, 8/28; at-Taghabun, 64/15.

sogar über deren Kindheit und Jugend hinweg. Auch wenn die Verantwortung des Kindes, bezüglich des Schutzes der Harmonie und des Gleichgewichts, in der Familie von Tag zu Tag wächst, besitzt es doch eine lange Zeit mehr Rechte als Pflichten.

An dem Tag, an dem das Kind als ein reifer Erwachsener mit dem Bewusstsein des Familienzusammenhalts vor die eigenen Eltern tritt, erlangt es das Mitspracherecht bezüglich des Verlaufs und der Beschaffenheit der Beziehungen. Somit beginnt ein neuer Zeitabschnitt, der beiden Seiten Mühe und gesunden Menschenverstand abverlangt. In dieser Zeit, in der das Kind das Erwachsenenalter erreicht, vielleicht sogar selbst Mutter oder Vater wird und sich um seine eigenen Kinder kümmert, gewinnt die Verbundenheit in der Familie noch mehr an Bedeutung.

Und wenn am Lebensabend die Tage der Eltern zu Ende gehen, an denen sie zudem weder selbstbestimmend noch aufnahmefähig sind, heißt es für das Kind, den Großteil der Verantwortung bezüglich des Eltern-Kind-Verhältnisses zu übernehmen. Einerseits ernten nun Mutter und Vater die Früchte, die sie gesät haben, und bekommen mehr Mitgefühl und Verständnis als sonst; andererseits hat das Kind die Aufgabe, die beiden Herzen, die von Tag zu Tag sensibler werden, so zuvorkommend wie möglich zu behandeln, um nicht den Fluch unseres Propheten (s.a.w.) auf sich zu ziehen: *„Derjenige, der die Zeit seiner Eltern miterlebt, an der ein Elternteil oder beide das hohe Alter erreicht haben, und er es nicht schafft, (durch ihre Bittgebete) das Paradies zu erlangen,*

*dessen Nase soll über den Boden geschleift werden' (der möge – verdientermaßen – eines Besseren belehrt werden)!"*⁴⁰

Die sich je nach Alter und Umstand ändernde Verantwortung der Eltern, gegenüber ihren Kindern, währt ein Leben lang, jedoch überträgt sich mit dem Altern die Aufgabe der Fürsorge und Schutz von den Eltern auf ihre Kinder. Und aus diesem Grund verkündet Allah Ta´ala: *„Dein Herr hat bestimmt, dass ihr nur Ihm dienen und zu den Eltern gütig sein sollt. Wenn nun einer von ihnen oder beide bei dir ein hohes Alter erreichen, so sag nicht zu ihnen ‚uff!' und fahre sie nicht an, sondern sag zu ihnen ehrerbietige Worte. Und bedecke sie demütig mit den Flügeln der Barmherzigkeit und bete: ‚Oh mein Herr! Erbarme Dich ihrer so (barmherzig), wie sie mich aufzogen, als ich klein war!'"*⁴¹ Folglich wird von dem Kind, bei dem die Wahrscheinlichkeit besteht, dass es die Eltern vernachlässigen oder sie nicht sanft genug behandeln könnte, grundsätzlich erwartet, dass es sie gut behandelt.

Der Gesandte Allahs (s.a.w.) erzählte die Geschichte der drei Jugendlichen in der Höhle seinen Gefährten und lehrte sie dabei, wie das Gute, das man der Mutter und dem Vater gewährt, in der Lage ist (dazu führt), selbst den Felsen, der den Höhleneingang versperrte, zerbersten zu lassen: Drei Personen wurden während eines Spaziergangs vom Regen überrascht, woraufhin sie in einer Höhle im Berg Unterschlupf suchten. Doch ein Felsbrocken, der sich vom Berg löste, rutsche vor den Eingang der Höhle und schloss sie in diese ein. Daraufhin sagte einer zu den anderen: „Überlegt mal, besitzt ihr Taten, die ihr nur um das Wohlwollen Allahs

---

40 Muslim: Sahih, Birr wa Sila, 9 (M6510); Tirmidhi: Sunan, Da´awat, 100 (T3545).
41 Koran: al-Isra, 17/23-24.

Willen vollbracht habt? Lasst uns mit der Erwähnung dieser Taten zu Allah beten. Vielleicht wird Allah Ta´ala durch sie den Eingang frei machen."

Auf diesen Vorschlag hin, fing einer von ihnen an zu erzählen: „Oh Allah! Ich hatte alte Eltern und meine Kinder waren klein. Ich habe für ihren Unterhalt gesorgt, indem ich Tiere gehütet habe. Wenn ich abends von der Weide nach Hause kam, molk ich Milch und gab sie vor meinen Kindern erst meinen Eltern zu trinken. Eines Tages ging ich in eine entfernt gelegene Weide. Ich schaffte es nicht, die Herde vor dem Abend zurückzubringen. Als ich spät nach Hause kam, fand ich sie schlafend. Wie gewohnt molk ich die Milch, brachte sie im Gefäß zu ihnen und wartete an ihrem Bett. Ich konnte es nicht übers Herz bringen, sie zu wecken. Und ich hieß es nicht gut, die Milch vor ihnen meinen Kindern zu geben. Meine Kinder liefen quengelnd vor Hunger zwischen meinen Beinen. Während sie schliefen, verbrachte ich die ganze Nacht bis zum Morgengrauen damit, so dazustehen. Oh Allah! Gewiss bist Du dessen kundig, dass ich dies nur für das Erlangen Deines Wohlgefallens tat. Mache dies zu einem Anlass und öffne uns eine Lücke am Eingang der Höhle, sodass wir von dort das Sonnenlicht sehen können!"

Allah Ta´ala öffnete ihnen einen Spalt, sodass sie das Tageslicht sehen konnten. Sobald der Zweite aufrichtig von seiner guten Tat erzählte, wuchs der Spalt und das Höhleninnere wurde mit Licht durchflutet. Und direkt, nachdem der Letzte seine gute Tat zu Ende erzählt hatte, wurde der Eingang der Höhle komplett frei.[42]

---

42 Vgl. Bukhari: Sahih, Buyu', 98 (B2215); Muslim: Sahih, Riqaq, 100 (M6949).

Allah Ta´ala gebietet den Muslimen ausdrücklich, den Eltern Gutes zu tun und sie gut zu behandeln, so wie Er es auch den vorherigen Völkern befahl.[43] Äußerst ergreifend ist, dass dies mit dem Befehl „dient Allah (allein)"[44] zusammen erwähnt wird. Denn die Eigenschaften des erhabenen Schöpfers, aus dem Nichts zu erschaffen, Lebensunterhalt zu geben, zu hüten, zu beschützen und Barmherzigkeit zu zeigen, werden vom ersten Tage an dem Menschen durch die Hände der Eltern gewährt. Und allein dass sie diese Rolle der Vermittlung übernommen haben, genügt den an den *Tawhid* (Monotheismus) Glaubenden, seine Eltern, welche seine Gönner sind, gut zu behandeln.

Unser Prophet (s.a.w.) sagte, als er von den Mühen erzählte, die die Eltern für ihre Kinder auf sich nehmen: *„Kein Kind wird jemals all das wiedergutmachen können, was die Eltern für es getan haben. Vielleicht nur, wenn es sie als Sklaven vorfindet, sie kauft und ihnen die Freiheit schenkt!"*[45] An diesem Punkt ist es höchst auffällig, dass der Mensch, dem die gute Behandlung seiner Eltern befohlen wird, an die Zeit erinnert wird, als er noch nicht mündig war. Mit was für Mühen hatte doch seine Mutter ihn (im Leibe) getragen, ihn auf die Welt gebracht und umsorgt?![46] Und unter Beachtung dessen, dass ein alter Mensch wie ein Kind auf Fürsorge und Güte angewiesen ist, ist es nun die rechte Zeit, um als Adressat des Befehls: *„Sei Mir und deinen Eltern dankbar!"*[47], die Treuepflicht zu erfüllen.

---

43 Vgl. Koran: al-Baqara, 2/83.
44 Vgl. Koran: an-Nisa, 4/36; al-An´am, 6/151; al-Isra, 17/23.
45 Muslim: Sahih, ´Itq, 25 (M3799); Tirmidhi: Sunan, Birr wa al-Sila, 8 (T1906).
46 Vgl. Koran: Loqman, 31/14; al-Ahkaf, 46/15.
47 Koran: Loqman, 31/14.

Ja, der Mutterschoß, der den Menschen als Erstes umgarnte, ist förmlich eine Ecke des Paradieses. Unkundig dessen, wie mühevoll Schwangerschaft und Geburt für seine Mutter war, erfährt das Baby Wohlbefinden und Sicherheit in ihrem Schoß. Selbst in einem luxuriösen Umfeld wie dem Palast des Pharaos, in dem Moses (a.s.) aufwachsen sollte, ließ Allah Ta´ala ihn mit seiner Mutter wieder vereinen, damit ihm dieser Segen nicht verwehrt blieb.[48] Der Mensch, der sich mit der Muttermilch ernährte und mit ihrer Erziehung groß wurde, will ihre Unterstützung für den Rest seines Lebens spüren. Die Mutter aber, deren Name mit Selbstlosigkeit und Liebe identifiziert wird, ist, mit den Worten unseres Propheten: *„Die Person, die es am meisten verdient, dass ihr Gutes getan wird."*[49] Der Gesandte Allahs (s.a.w.) wies darauf hin, dass eine Mutter, die einer anderen Religion angehört, nicht daran gehindert werden sollte, eine gute Beziehung zu ihrem Kind zu pflegen, und auch, dass das Kind nicht versäumen soll, seine Mutter zu ehren und ihr behilflich zu sein.[50] Während er die Auflehnung und Respektlosigkeit gegen die Mutter, die einem nur das Gute und das Richtige empfiehlt, verbietet,[51] erinnert er daran, dass das Paradies nur einen Schritt von der Mutter entfernt ist.[52]

Andererseits ist der Vater hinsichtlich der Überwindung von Schwierigkeiten im Leben, ein Beispiel und eine Unterstützung für das Kind. Er verdient sich durch das Bestreiten des Lebensunterhalts, was ihm die Belohnung der *Sadaqa* (Wohltat) einbringt,[53] und dem Beschützen seiner Familie

---

48 Vgl. Koran: al-Qasas, 28/7.
49 Bukhari: Sahih, Adab, 2 (B5971); Muslim: Sahih, Birr wa Sila, 1 (M6500).
50 Vgl. Bukhari: Sahih, Adab, 7 (B5978); Muslim: Sahih, Zakah, 50 (M2325).
51 Vgl. Bukhari: Sahih, Riqaq, 22 (B6473); Bukhari: Sahih, I´tisam, 3 (B7292).
52 Vgl. Nasa'i: Sunan, Dschihad, 6 (N3106).
53 Vgl. Bukhari: Sahih, Iman, 41 (B55); Muslim: Sahih, Zakah, 48 (M2322).

gegen jegliche negative Umstände⁵⁴ die Anerkennung des Propheten. Selbstverständlich besteht das Vater-Sein nicht nur darin, sein Kind zu kleiden oder es zu ernähren. Der Vater ist zudem die Person, mit deren Namen das Kind sein Leben lang gerufen wird⁵⁵ und im Besitz eines sensiblen Herzens ist, das vor Sorge für ihre Kinder erbebt.

Während Duldsamkeit, Freundlichkeit und Mildherzigkeit der Mutter zugesprochen werden, wird der Vater mit den Eigenschaften Disziplin und Ernsthaftigkeit beschrieben. Wohingegen es sehr bedeutungsvoll ist, dass im edlen Koran von sensiblen Vätern erzählt wird, wie zum Beispiel Abraham (a.s.), der aufgrund seiner großen Liebe und Sehnsucht nach seinem Kind dieses nicht opfern konnte;⁵⁶ und Jakob (a.s.)⁵⁷, der zu seinen Kindern äußerst liebevoll und emotional war. Das Kind jedoch ist niemals dazu berechtigt, so einem Vater, dessen Gebet bei Allah Ta´ala nicht abgelehnt wird,⁵⁸ den Rücken zu kehren.⁵⁹ Denn es gehört, kurz gefasst, zu seinem Vater.⁶⁰

Selbst während Allah Ta´ala einen Propheten lobt, weist Er darauf hin, dass dieser einen guten Umgang mit seinen Eltern hatte, und verkündet: *„[…] Und er [Johannes] war gottesfürchtig und gütig gegenüber seinen Eltern. Und er war weder gewalttätig noch widerspenstig."*⁶¹ Hierbei wird für die

---

54 Vgl. Abu Dawud: Sunan, Sunnah, 28-29 (D4772); Nasa'i: Sunan, Muharabah, 23 (N4099).
55 Vgl. Koran: al-Ahzab, 33/5; Bukhari: Sahih, Nikah, 16 (B5088).
56 Vgl. Koran: as-Saffat, 37/102.
57 Vgl. Koran: Yusuf, 12/94.
58 Vgl. Abu Dawud: Sunan, Tafriu-u Abwab al-Witr, 29 (D1536); Tirmidhi: Sunan, Da'awat, 47 (T3448).
59 Vgl. Bukhari: Sahih, Fara'id, 29 (B6768).
60 Vgl. Abu Dawud: Sunan, Buyu', 77 (D3530).
61 Koran: Maryam, 19/13-14, 32.

vom Kind erwartete Güte keine Eingrenzung in ihrer Art und Weise gemacht. Allah Ta´ala erwähnt die guten Taten, so, als würde Er betonen, dass alle guten Taten von Ihm akzeptiert werden. Hierzu gehören zum einen wörtliche Wohltaten wie freundliche und schöne Worte, ohne „*uff*" zu sagen oder zu schimpfen,[62] und zum anderen tätliche Wohltaten wie das Gewähren von Schutz und Sicherheit sowie die finanzielle Unterstützung.[63] Dementsprechend gibt es zur Befolgung dieses Befehls unseres Schöpfers eine Unzahl von Möglichkeiten, die sich je nach Bedarf und Kontext ändern können; vorausgesetzt das Kind möchte es! Darüber hinaus sind die Taten, die für die Eltern vollbracht werden können, nicht auf die Zeit ihres Lebens begrenzt. Ein Kind, das den festen Vorsatz gefasst hat, seinen Eltern Wohltaten zu erweisen, kann nach ihrem Ableben in ihrem Namen Almosen spenden,[64] ihr Gelübde einlösen,[65] um Vergebung für sie beten,[66] ja sogar die große (*Hadsch*) und die kleine Pilgerfahrt (*Umrah*) in ihrem Namen verrichten.[67] Auf diese Weise können die Eltern dank ihrer heilbringenden Kinder, zu denen zählen, deren Tatenbuch/Tatenregister sich nicht (mit ihrem Tod) schließt (denen selbst nach dem Tod der Lohn guter Taten zuteilwird). Der Gesandte Allahs (s.a.w.) verkündete: „*Wenn der Mensch stirbt, enden auch seine Taten. Drei Sachen sind (hiervon) ausgenommen: Sadaqa-i Dschariya (Spende, deren Lohn nach dem Tod fortbesteht), Wissen, aus*

---

62 Vgl. Koran: al-Isra, 17/23-24.
63 Vgl. Koran: al-Baqara, 2/180;an-Nisa, 4/36.
64 Vgl. Muslim: Sahih, Wasiyyah, 12 (M4220).
65 Vgl. Bukhari: Sahih, Wasayah, 19 (B2761).
66 Vgl. Abu Dawud: Sunan, Adab, 119-120 (D5142); Ibn Madscha: Sunan, Adab, 2 (IM3664).
67 Vgl. Abu Dawud: Sunan, Manasik, 25 (D1810); Tirmidhi: Sunan, Haddsch, 87 (T930).

dem Nutzen gezogen wird, und ein heilbringendes Kind, das für seine Eltern betet."⁶⁸

Für diejenigen, die als loyales Kind das Andenken ihres Vaters wahren wollen, stellt *Abdullah* (r.a.), der Sohn *Umars* (r.a.), ein gutes Vorbild dar. Er ließ einen Beduinen, dem er auf dem Weg nach Mekka begegnete, nachdem er ihn gegrüßt hatte, sein Reittier reiten und zog seinen Turban aus, um ihm diesen zu schenken. Als die Menschen neben ihm erstaunt über diese großzügige Geste sagten, dass ein Beduine auch mit deutlich weniger Gunst glücklich gewesen wäre, erwiderte er: „Der Vater dieses Mannes war ein guter Freund meines Vaters." Es waren folgende Worte unseres Propheten (s.a.w.), die *Abdullah ibn Umar* (r.a.) zu diesem Benehmen veranlassten: *„Die beste aller guten Taten ist, dass das Kind die Freunde des Vaters besucht."*⁶⁹

Es sollte nicht in Vergessenheit geraten, dass der Prophet (s.a.w.) sagte: *„Mutter und Vater sind eines der erhabensten Tore, die den Einlass in das Paradies veranlassen. Die Gelegenheit, durch dieses Tor zu gehen, sie zu verlieren oder sie nicht zu nutzen, bleibt nun in deinem Ermessen!"*⁷⁰ Unser Bittgebet sollte stets: *„Oh, unser Herr! Vergib mir und meinen Eltern und den Gläubigen an dem Tag, an dem die Abrechnung stattfinden wird!"*, lauten.⁷¹

---

68 Muslim: Sahih, Wasiyyah, 14 (M4223); Abu Dawud: Sunan, Wasayah, 14 (D2880).
69 Muslim: Sahih, Birr wa Sila, 11 (M6513); Abu Dawud: Sunan, Adab, 119-120 (D5143); Tirmidhi: Sunan, Birr wa Sila, 5 (T1903).
70 Tirmidhi: Sunan, Birr wa Sila, 3 (T1900); Ibn Madscha: Sunan, Talaq, 36 (IM2089).
71 Koran: Ibrahim, 14/41.

DAS KIND: DIE DER FAMILIE ANVERTRAUTE HOFFNUNG

Diesmal war es eine werdende Mutter, die sich auf den langen Weg der *Hidschrah* (Auswanderung) von Mekka nach Medina machte. Zwei Jahre waren es nun her, dass unser Prophet Muhammed (s.a.w.) und sein treuer Freund *Abu Bakr* (r.a.) dieselbe Strecke hinter sich gebracht hatten. *Asma* (r.a.), die ihnen damals auf dieser gesegneten Reise heimlich Proviant gebracht, ihren Hüftgürtel in zwei geteilt und den Wasserschlauch sowie den Proviantbeutel damit zugebunden hatte,[1] kletterte jetzt selbst diese Sanddünen hoch, die sie nur zu gut kannte. Aber diesmal waren die Strapazen von einer ganz anderen Art. Die Geburt ihres Kindes stand kurz bevor, sie zählte nur noch die Tage. Der

---

[1] Vgl. Bukhari: Sahih, Dschihad, 123 (B2979).

Weg war für sie deshalb besonders kräfteraubend und schien nicht enden zu wollen. Schließlich erblickte sie aber das Dorf *Quba*, das unweit von Medina lag. Endlich war das Ziel der beschwerlichen Reise erreicht, die sie zu ihrem Vater *Abu Bakr* (r.a.) und dem Gesandten Allahs (s.a.w.) bringen sollte. Und sie erwartete eine zusätzliche Überraschung, denn auch der Weg ihres Kindes in ihrem Bauch war zu Ende, und der Zeitpunkt gekommen, da es sich nun endlich seiner Familie dazugesellen sollte!

Nicht nur *Asma* (r.a.) war überglücklich darüber, dass das Kind in *Quba* auf die Welt kam, sondern auch die Muslime, die zuvor nach Medina ausgewandert waren. Dieser Winzling war das erste Kind eines *Muhadschir*,[2] das in Medina geboren wurde. All ihre Ängste, die sie bis dahin verfolgten, waren wie weggeweht. Bis dahin hatte sich das hartnäckige Gerücht gehalten, die Juden hätten die nach Medina ausgewanderten Muslime mit einem Zauberbann belegt, sodass sie keine Kinder mehr bekommen würden. Mit einem Schlag erwies sich dieses Gerücht nun als erlogen.[3]

---

2 Als *Muhadschir* wird eine Person bezeichnet, die in der Zeit des Propheten von Mekka nach Medina auswanderte (Anm. d. Übers.).
3 Vgl. Bukhari: Sahih, Aqiqah, (B5469).

Es war ein besonderes Kind. Sein Großvater war *Abu Bakr* (r.a.), sein Vater *Zubayr Ibn Awwam* (r.a.), einer der zehn Prophetengefährten, denen schon das Paradies verheißen wurde. Es hatte weder einen Namen noch sonst eine Bekanntschaft mit den Gaben dieser Welt gemacht, als seine Mutter ihn in die Arme unseres Propheten gab. Der Gesandte Allahs (s.a.w.) nahm das Kind liebevoll in die Arme und bat die Anwesenden bei dieser kleinen Zeremonie, ihm eine Dattel zu bringen. Nachdem er die Dattel eine Weile in seinem Mund aufgeweicht hatte, rieb er damit den Gaumen des Kindes ein. Dann sprach er ein Bittgebet. Er bat um Heil und Segen für das Leben des Kindes. Und schließlich gab er ihm seinen Namen: *Abdullah*.[4] Der künftige Kalif, mutige und fromme Befehlshaber *Abdullah ibn Zubayr* (r.a.)!

Jedes Kind, das auf die Welt kommt – egal ob nun in einer unbeschwerten Lebenslage oder unter schwierigen Bedingungen, ob unter glücklichen Umständen voller Hoffnungen oder traurigen, die wenig Mut zur Hoffnung bieten –, verdient einen Empfang, wie es sich für eine anvertraute Gabe (*Amanah*) Allahs gebührt. Nachdem Allah Ta´ala bestimmt hat, ob es ein Junge oder ein Mädchen wird, und dem Kind seine Versorgung (*Rizq*) sowie seine Lebensdauer zugeteilt hat,[5] lässt Er ihn mit dieser Welt Bekanntschaft machen. Damit schickt Er den Erwachsenen eine neue Gabe, die ihnen anvertraut wird. Vor allen Dingen hat Er ihnen zwar mit dieser Gabe eine beschwerliche Prüfung in die Arme gelegt,[6] doch reicht Er ihnen dieses Kind auch als ein

---

4 Vgl. Bukhari: Sahih, Manaqib al-Ansar, 45 (B3909); Muslim: Sahih, Adab, 25 (M5616).
5 Vgl. Bukhari: Sahih, Qadr, 1 (B6595).
6 Vgl. Koran: at-Taghabun, 64/15.

Segen, da dem Haus mit ihm mehr Versorgung (*Rizq*) zuteilwird,[7] und es ihnen eine Quelle der Freude in ihrem Leben wird. Ein Leben lang wird dieses neue Lebewesen umsorgt werden. Denn der Mensch verspürt sein Leben lang das Bedürfnis nach der Liebe, Aufmerksamkeit, Barmherzigkeit und Unterstützung seiner Eltern. Eigentlich haben seine Eltern auch schon vor seiner Geburt damit angefangen, die Liste ihrer Aufgaben der materiellen wie immateriell-geistigen Unterstützung durchzulesen. Die Geburt ist nur eine neue Phase, die erste der Stufen, die es im Verlauf seines Lebens erklimmen wird, die erste Station auf dem Weg, den es zurückzulegen hat.

Kommt ein Kind auf die Welt, womit sich ein neues Individuum der Familie anschließt, bringt dies nicht nur helle Freude und Aufregung mit sich, sondern auch Verantwortung. So sehr auch die restlichen Familienmitglieder im Maße ihres Alters die neue Verantwortung mittragen, so gehört die Hauptverantwortung doch den Eltern. Zunächst einmal sollten Eltern darauf achten, dass sie nicht zu jenen gehören, die da flehen: *„Wenn Du uns ein vollkommenes (Kind) gibst, wahrlich, dann werden wir dankbar sein!"*, und wenn das Kind dann zur Welt kommt, Dem, Der es ihnen schenkte, jemanden beigesellen;[8] ferner sollten sie nicht nach Junge oder Mädchen unterscheiden, sondern ihr Kind ans Herz drücken. Und darauf Acht geben, dass sie nicht den Weg der Unwissenden einschlagen, die sich schämen, wenn ihnen ein Mädchen geboren wurde,[9] sich aber überschwänglich über einen Jungen freuen. Eltern sollten sich

---

7 Vgl. Koran: al-Isra, 17/31.
8 Koran: al-Araf, 7/189-191.
9 Vgl. Koran: an-Nahl, 16/58-59; az-Zuhruf, 43/17.

stets in Erinnerung rufen, dass Kinder, die die Zierde dieses irdischen Lebens sind,[10] eine unschätzbare Gabe Allahs und gleichzeitig eine Prüfung sind, womit sie geprüft werden.[11] Vom ersten Tag an sollten sie ihre Kinder mit ihrer Barmherzigkeit und innigsten Liebe umsorgen.

Wen wir das Leben unseres Propheten (s.a.w.) betrachten, sehen wir, dass er solch ein unschuldiges Wesen wie ein Kind mit einer Dattel willkommen hieß. Ein Bissen von dieser Dattel, die weich gekaut in Begleitung von Bittgebeten in den Mund des Kindes gegeben wird, soll dem Kind einen süßen Anfang bescheren. Natürlich ist dieser Bissen nicht so groß, dass es davon satt werden könnte, sondern gerade mal so viel, um davon gekostet zu haben. Als Nächstes wird das Kind die Milch seiner Mutter kosten und in den folgenden zwei Jahren seines Lebens sich von seiner Mutter ernähren.[12] Die Dattel beschrieb der Gesandte Allahs (s.a.w.) als ein segensreiches Nahrungsmittel[13] und hieß auch den kleinen Bruder von *Anas*, seines kleinen Helfers, mit dieser „*Tahnik*" genannten Dattel-Zeremonie auf der Welt willkommen.[14] *Anas* (r.a.) überlieferte später, dass seine Mutter *Umm Sulaym* (r.a.) seinen Bruder, noch bevor sie ihn stillte, mit ihm zum Propheten schickte. *Anas* berichtet dann weiter: „Als ich den Gesandten Allahs fand, kennzeichnete er gerade die Tiere, die für die *Zakah* (Sozialsteuer) bestimmt waren. Als er mich sah, sagte er: ‚*Ich glaube Umm Sulaym hat entbunden*', und legte gleich den Stempel aus seiner Hand. Da

---

10 Vgl. Koran: al-Kahf, 18/46.
11 Vgl. Koran: al-Anfal, 8/28.
12 Vgl. Koran: al-Baqara, 2/233.
13 Vgl. Tirmidhi: Sunan, Zakah, 26 (T658).
14 Vgl. Muslim: Sahih, Fada'il al-Sahaba, 107 (M6322); Bukhari: Sahih, Libas, 22 (B5824).

legte ich ihm das Kind in seine Arme. Der Gesandte Allahs verlangte nach einer *Adschwa*-Dattel, die in Medina wuchs. Er kaute die Dattel, bis er sie in seinem Mund aufgeweicht hatte. Dann legte er sie in den Mund des Kindes, das die Dattel gleich schmeckte und danach leckte. Daraufhin sagte der Gesandte Allahs: „*Schaut nur, wie der Ansar*[15] *Dattel mag!*", streichelte sein Gesicht und gab ihm den Namen *Abdullah*."[16]

Es war ein Brauch unseres Propheten, das neugeborene Kind mit Segens- und Heilswünschen willkommen zu heißen. Sobald die *Ashab* (Gefährten) ein Kind bekamen, nahmen sie es in den Arm und brachten es dem Propheten. Dieser vollzog einerseits die Zeremonie mit einer weich gekauten Dattel, andererseits sprach er für das Kind Bittgebete. Welch eine friedvolle Atmosphäre es für ein Kind ist, wenn dessen Seele durch Bittgebete, die sich aus einem gesegneten Mund ergießen, gestreichelt wird und es einer Stimme lauscht, die für ihn Allah anfleht! Auch *Abu Musa* (r.a.) wollte seinem Kind dieses Glück nicht verwehren. Als er seinen Sohn nahm und ihn zum Propheten brachte, so berichtete er später, gab er ihm unter Bittgebeten den Namen *Ibrahim* und legte ihm ein Stück weich kaute Dattel in den Mund.[17]

Die Namensgebung wiederum ist eine Zeremonie für sich. Die Geschichte liefert genügend Zeugnisse dafür, wie umsichtig die Menschen schon seit jeher waren, wenn es um die Namensgebung ihrer Kinder ging, da sie die Hoffnung

---

15 Als *Ansar* werden die medinensischen Muslime bezeichnet, die dem Propheten und den Muhadschirun (muslimischen Auswanderern aus Mekka) nach ihrer Ankunft in Medina halfen (Anm. d. Übers.).
16 Bukhari: Sahih, Adab, 109 (B6198).
17 Vgl. Abu Dawud: Sunan, Adab, 61 (D4948).

hatten, dass sich der Name des Kindes auf sein Wesen auswirken würde. Auch heute noch wird dem Kind der Name, mit dem es ein Leben lang gerufen wird, mit einer Zeremonie ins Ohr gerufen. Für unseren Propheten (s.a.w.) war die Namensgebung – als Teil dieser Zeremonie – ebenfalls kein unwichtiges Ereignis. Und so erinnerte er die Eltern eines Neugeborenen an diese Verantwortung, als er sagte: *„Wahrlich, ihr werdet am Jüngsten Tag mit euren Namen und denen eurer Väter gerufen. So achtet darauf, dass ihr (euren Kindern) schöne Namen gebt."*[18]

Der ehrenwerte Gesandte (s.a.w.) forderte die Gläubigen auf, für ihre Kinder nicht nur Namen zu bevorzugen, die schön klangen, sondern gleichzeitig auch eine gute Bedeutung hatten. *Ali* (r.a.) hatte darauf bestanden, seinen Kindern den Namen „*Harb*" zu geben, was „Krieg" bedeutete. Der Prophet hinderte ihn aber daran und gab seinen Enkelkindern die Namen *Hasan* und *Husayn*, die „Güte und Schönheit" bedeuten.[19] Wird bedacht, dass ein Kind, das jedes Mal, wenn es seinen Namen hört, sich damit identifiziert, auch sein Verhalten danach ausrichten wird, so wird die Empfindsamkeit des Propheten bezüglich der Namensgebung verständlich. Nur aus diesem Grund sprach sich der Prophet (s.a.w.) dagegen aus, dass Kindern Namen gegeben werden, die polytheistische Züge tragen oder für sonstige schlechte Assoziationen sorgen; selbst wenn er solche Namen bei Personen antraf, die schon erwachsen waren, änderte er sie.[20] Er bevorzugte Namen, die dem Leben einen

---

18 Bukhari: Sahih, al-Adab al-Mufrad, 286 (EM823).
19 Vgl. Muslim: Sahih, Dschihad wa Siyar, 89 (M4628); Abu Dawud: Sunan, Adab, 62 (D4955).
20 Vgl. Tirmidhi: Sunan, Adab, 64 (T2833).

Sinn gaben und seinen Träger zum Heil leiteten. Zudem gab er zu wissen, dass Allah Ta´ala Namen wie „*Abdullah*" oder „*Abd ar-Rahman*" liebt, die die Dienerschaft des Menschen Allah gegenüber ausdrücken.[21] Aus demselben Grund empfahl er ihnen auch, den Kindern die Namen der Propheten zu geben.[22] Und er zementierte seinen Rat, als sein jüngster Sohn auf die Welt kam, und sagte: *„In dieser Nacht wurde mir ein Sohn geboren. Ich gab ihm den Namen meines Großvaters (des Propheten) Ibrahim."*[23]

Ein weiteres Element, das zur Zeremonie der Namensgebung gehört und hier unverzichtbar ist, ist der *Adhan* (Gebetsruf), der dem Kind in das Ohr gerufen wird, damit es die Bekanntschaft mit dem Gebetsruf macht. Als *Hasan*, der Enkelsohn des Gesandten Allahs (s.a.w.), auf die Welt kam, rief er ihm den *Adhan* in das Ohr, als würde er zum Gebet rufen.[24] Ein Kind, dem der *Adhan* mit weicher Stimme ins rechte Ohr gerufen wird und ins linke Ohr die *Iqamah* (der zweite Gebetsruf nach dem *Adhan*), hört damit zu Beginn seines Lebens gleich drei Grundprinzipien des Islam. Denn der *Adhan* kündet ihm die Existenz und Einheit Allahs, ferner dass Muhammed (s.a.w.) Sein Gesandter ist und dass die wahre Erlösung nur in der Glückseligkeit im Jenseits liegt, die sich der Mensch mit *Ibadah* (Glaubenspraxen) zu verdienen hat.

Gefragt danach, wann dem Kind sein Name gegeben werden soll, sagte der Prophet (s.a.w.): *„Jedes Kind ist (wie) ein*

---

21 Vgl. Nasa'i: Sunan, Hayl wa as-Sabq wa ar-Ramy, 3 (N3595).
22 Vgl. Abu Dawud: Sunan, Dschana'iz, 23-24 (D3126).
23 Tirmidhi: Sunan, Adahi, 16 (T1514); Ibn Hanbal: Musnad, VI, 10 (HM24371).
24 Vgl. Abu Dawud: Sunan, Dahaya, 20, 21 (D2838); Nasa'i: Sunan, Aqiqah, 5 (N4225).

Faustpfand, das am siebten Tag nach seiner Geburt gegen ein Aqiqah-Opfer ausgelöst wird, das für ihn dargebracht wird. Am selben Tag werden ihm auch die Haare geschoren und er bekommt seinen Namen."[25] Da er seinem eigenen Sohn noch in derselben Nacht, in der er geboren wurde, seinen Namen gab,[26] wollte der Gesandte Allahs mit diesem *Hadith* zu verstehen geben, dass die Namensgebung spätestens bis zum siebten Tag zu erfolgen hat.

Somit wird ersichtlich, dass der Prophet Muhammed (s.a.w.) als weiterer Ausdruck ihrer Dankbarkeit für ein Kind, das Allah Ta´ala ihnen schenkte, von den Eltern verlangt, dass sie ein Tier opfern.[27] Diese Opfergabe (*Qurban*), die *Aqiqah* genannt wird, kann auch als Preis dafür betrachtet werden, dass das Kind wohlauf auf die Welt kam. Genau wie der Widder, den Allah Ta´ala dem Propheten Abraham (a.s.) schickte, nachdem dieser gelobt hatte, ihn zu opfern, wenn ihm ein Sohn geboren würde. Als es dann auch tatsächlich so weit kam, dass er sein Gelöbnis einlösen musste, schickte ihm Allah Ta´ala dieses Tier.[28] Als Andenken an diese große Belohnung, die als Ablöse für das Leben des Propheten Ismael (a.s.) kam, riet der ehrwürdige Gesandte Allahs (s.a.w.) den Vätern, ein solches *Aqiqah*-Opfer darzubringen, um ihre Kinder zu befreien, die bis dahin ein Faustpfand sind. Eigentlich gab es diesen Brauch unter den Arabern auch schon in der vorislamischen Zeit. So ist beispielsweise bekannt, dass die geliebte Ehefrau des Propheten, *Khadidscha* (r.a.), für ihre Söhne und Töchter, die auf die Welt kamen,

---

25 Abu Dawud: Sunan, Dschana'iz, 23-24 (D3126).
26 Vgl. Tirmidhi: Sunan, Adab, 63 (T2832).
27 Vgl. Koran: as-Saffat, 37/101-111.
28 Vgl. Ibn Sa´d: Tabaqat, I, S. 133-134 (ST1/133).

Opfertiere schächtete.[29] Der Prophetengefährte *Abu Burayda* (r.a.) berichtete über diesen Brauch wie folgt: „Wenn einer von uns in der Zeit der *Dschahiliyyah* ein Kind bekam, opferten wir ein Schaf und schmierten ihm von dem Blut auf die Stirn. Nachdem Allah Ta´ala den Islam gesandt hat, brachten wir weiterhin Opfertiere dar. Jedoch fingen wir ab da an, dem Kind das Haupthaar zu scheren und es mit Safran einzureiben, damit es wohlriecht."[30]

Auch nach seiner Berufung zum Propheten pflegte der Prophet Muhammed (s.a.w.) diesen Brauch weiterhin, und brachte für seine Enkelsöhne *Hasan* und *Husayn* je einen Widder als Opfer dar.[31] Auch den Gläubigen riet er, für ihre Neugeborenen ein *Aqiqah*-Opfer darzubringen.[32] Vom Blut der Opfertiere auf die Stirn des Neugeborenen zu schmieren oder davon auf das Haupt tropfen zu lassen, gehört jedoch nicht zur *Sunnah* unseres Propheten, auch wenn dieser Brauch sich bis heute hartnäckig hält. Stattdessen riet der ehrwürdige Gesandte den Gläubigen, das Haupthaar des Neugeborenen zu scheren, wenn es welches hatte, damit es sich des Schmutzes entledigen und wohler fühlen konnte.[33] Und als sein eigener Enkel geboren wurde, verlangte er, dass ihm sein Haupthaar geschoren wurde und Silber im Gewicht dieser Haare als Almosen verteilt wurde.[34] *Fatima* (r.a.) folgte diesem Befehl bei allen ihren Kindern, gleich ob Junge oder Mädchen.[35] Nachdem das Kind derart ge-

---

29 Vgl. Abu Dawud: Sunan, Dahaya, 20-21 (D2843).
30 Abu Dawud: Sunan, Dahaya, 20-21 (D2841).
31 Vgl. Darimi: Sunan, Adahi, 9 (DM1999).
32 Vgl. Bukhari: Sahih, Aqiqah, 2 (B5472); Nasa'i: Sunan, Aqiqah, 2 (N4219).
33 Vgl. Tirmidhi: Sunan, Adahi, 19 (T1519).
34 Vgl. Malik: Muwatta', Aqiqah, 1 (MU1071).
35 Vgl. Abu Dawud: Sunan, Taharah, 129 (D356).

schoren, danach gewaschen und mit schönen Düften versehen wird, beginnt für ihn, im Unterschied zum dunklen und trüben Leben im Bauch seiner Mutter, eine reine und kristallklare Lebenszeit.

Nachdem das Kind also zunächst mit der Muttermilch beginnt, von den Gaben dieser Welt zu kosten, hört es den *Adhan*, und damit zum ersten Mal auch den Gegenstand der Verkündigung. Durch das Schächten eines Opfertiers wird der Dank für sein Leben bekundet. Und durch das Scheren seines Haupthaares wird es gereinigt. Doch gibt es noch einen Dienst, der für das Kind erbracht werden muss: die Beschneidung. Die Beschneidung des männlichen Kindes erfolgt nicht nur aus religiösen Gründen, sondern stellt auch aus gesundheitlicher Sicht einen wichtigen Schritt dar.

In Kulturen, die vom Islam geprägt sind, gilt die Beschneidung eines Mannes als Zeichen dafür, dass er Muslim ist. Sicher trug zur Etablierung dieser Überzeugung bei, dass der Prophet Neumuslimen befahl: *„Lass dich beschneiden!"*[36] Wer sich nicht scheut, diese deutliche Anweisung seines Glaubens auf seinem Körper anzuwenden, wird sich auch gesundheitlich vor so mancher Plage schützen. Mit folgenden Worten lehrte der Prophet die Gläubigen, dass eine solche Angewohnheit, die eigentlich schon seit Generationen angewandt wird, ihnen ein Erfordernis ihrer natürlichen Veranlagung (*Fitrah*) ist: *„Fünf Dinge gibt es, die der Mensch seiner Fitrah (natürlichen Veranlagung) folgend tun muss: Sich beschneiden lassen, den Intimbereich rasieren, die Fingernägel schneiden, die Achselhöhlen rasieren und den Schnurrbart stutzen."*[37]

---

36 Abu Dawud: Sunan, Taharah, 129.
37 Bukhari: Sahih, Libas, 63 (B5889); Muslim: Sahih, Taharah, 49 (M597).

Obgleich es zur Zeit des Propheten (s.a.w.) noch nicht üblich war, Beschneidungszeremonien durchzuführen und in diesem Rahmen ein Festmahl zu geben, ähnlich einem Hochzeitsmahl, wurde solch eine Gepflogenheit kurz nach seinem Ableben durch seinen *Ashab* (Gefährten) eingeführt. Beispielsweise schächtete *Abdullah Ibn Umar* (r.a.) einen Widder und gab seinen Gästen zur Beschneidung seines Sohnes ein Festmahl.[38] Und als *Umar* (r.a.) Trommelklänge hörte, die von einer Festlichkeit zu stammen schienen, fragte er: „Was ist das?" Da gaben sie ihm zur Antwort: „Das ist wohl eine Hochzeit oder ein Beschneidungsfest."[39] Selbstverständlich sollten auch bei derartigen Festlichkeiten die Kriterien beachtet werden, die der Prophet für Hochzeitsmahle formulierte. So sollten zum Festmahl nicht nur die Reichen und Vornehmen, sondern auch die bedürftigen Familien eingeladen werden.[40] Am wichtigsten ist vielleicht, dass bei einer solchen Zeremonie Gebete für das Kind gesprochen werden, das dem Weg des Propheten Abraham (a.s.) folgt, damit es ein Leben in Übereinstimmung mit der *Sunnah* des Gesandten Allahs (s.a.w.) führt.

---

38 Bukhari: Sahih, al-Adab al-Mufrad, 426 (EM1246).
39 Vgl. ʿAbd ar-Razzaq: Musannaf, XI, 5 (MA19738).
40 Vgl. Bukhari: Sahih, Nikah, 73 (B5177); Muslim: Sahih, Nikah, 107 (M3521).

DER INNERE FRIEDE IN DER FAMILIE: DIE SICH DER BARMHERZIGKEIT ÖFFNENDE, ABER DER GEWALT VERSCHLIESSENDE TÜR

Sabit Ibn Qays (r.a.), der *Hatib* (Redner) des Propheten Muhammed (s:a:w.), war von strenger Natur. Eines Tages gab er seiner Wut nach, schlug seine Frau während einer Diskussion und brach ihr den Arm. Diese Frau namens *Dschamila* (oder *Habibah*), die die Schwester von *Abdullah Ibn Ubay* (r.a.) war,[1] teilte dieses Geschehnis ihrem Bruder mit. Sie wollte ihre Ehe unter diesen Umständen nicht weiterführen. Ihr Bruder eilte mit dem Gedanken, dass ein Eingriff notwendig sei, zu unserem Propheten und äußerte ihm seine Beschwerde. *Dschamila* (r.a.) war bereits beim Propheten und sagte ihm, dass sie

---
1 Vgl. Nawawi: Tahzib al-Asma, II, 337 (TE2/33/).

Sabit nicht mehr ertragen könne.² Daraufhin versuchte der Gesandte Allahs (s.a.w.) nicht etwa das Geschehnis und die Gewalt gegen diese Frau zu vertuschen. Im Gegenteil ließ er *Sabit*, der sein Verhalten nicht besserte und seiner Frau Leid zufügte, zu sich rufen. Er forderte von ihm: „*Nimm den Muhala'a-Erlös (der Erlös, den eine Frau an ihren Mann zahlt, um sich von ihm zu trennen) an und lass sie frei.*" Sabit sagte: „Gut", und willigte ein. Der Gesandte Allahs (s.a.w.) bat *Dschamila*, in der Scheidungsphase die *Iddah* (Wartefrist bei Scheidung) abzuwarten und dann zu ihrer Familie zurückzukehren.³

Unser Prophet (s.a.w.) wuchs in einer Gesellschaft auf, die den Frauen gegenüber ziemlich unbarmherzig war. Nicht nur in der *Dschahiliyyah*-Zeit, sondern auch in der islamischen Epoche sind zeitweise auf Spuren dieser Unbarmherzigkeit anzutreffen. Wie bei allen anderen Angelegenheiten besaß der Gesandte Allahs (s.a.w.) auch hinsichtlich der Gewalt gegen Frauen eine außergewöhnliche Einfühlsamkeit.

---

2   Vgl. Bukhari: Sahih, Talaq, 12 (B5275).
3   Nasa'i: Sunan, Talaq, 53 (N3527).

Weder in der *Hadith*[4]- noch in der *Siyar*[5]-Literatur, worin alle Informationen über das Leben des Propheten bis ins kleinste Detail aufgezeichnet sind, ist nicht einmal andeutungsweise eine Beschimpfung oder ein verletzendes Wort seinerseits gegenüber seinen Frauen und Kindern vorzufinden, geschweige denn die Ausübung von Gewalt. Darüber hinaus ermahnte er diejenigen, die der Fortführung der *Dschahiliyyah*-Gewohnheit – der Gewalt gegen Frauen – neigten, und sagte: „*Erhebt eure Hände nicht gegen die Dienerinnen Allahs! ... In der heutigen Nacht kamen viele Frauen zu den Ehefrauen Muhammeds. Sie alle führten Klage gegen ihre Ehemänner. Glaubt ja nicht, dass diese Männer die Vorzüglichen unter euch wären!*"[6]

Das oben erwähnte Geschehnis führt vor Augen, wie unser Prophet gegen die Unterdrückung und die häusliche Gewalt, die die Frauen in der gesamten Menschheitsgeschichte erleiden mussten, reagierte und welche Maßnahmen er zum Schutze der Würde und Respektwürdigkeit der Frauen ergriff. Wie ersichtlich wird, ließ er die benachteiligte Frau nicht mit gängigen Aussagen allein, wie: „In der Familie passieren schon mal solche Dinge." Auch wenn er in seinem Eheleben kleine Reibereien erlebte, so erhob er ihnen gegenüber niemals die Hand,[7] sagte auch keine beleidigenden oder verletzenden Worte. Aus diesem Grund war sein Vermächtnis, das er hinterließ, und eine seiner letzten Lehren an die Muslime bei seiner Abschiedspredigt, dass sie sich:

---

4 *Hadith*: Überlieferungen (überlieferte Aussprüche/Aussagen/Verkündungen des Propheten Muhammed (s.a.w.))
5 *Siyar*: Gesamtheit der Biografie-Literatur über den Propheten Muhammed (s.a.w.)
6 Abu Dawud: Sunan, Nikah, 41-42 (D2146).
7 Vgl. Muslim: Sahih, Fada'il, 79 (M6050).

„[...] in Bezug auf die Frauen vor Allah fürchten sollen." Denn ihre Ehemänner: „[...] nahmen sie als Anvertrautes (Amanah) von Allah an und mit dem Namen Allahs (durch den Ehebund) wurden sie ihnen erlaubt (halal)."[8]

Dass im edlen Koran verkündete Vers: „[...] diejenigen aber, deren Widerspenstigkeit ihr fürchtet, ermahnt sie, meidet sie im Ehebett und schlagt sie. Und wenn sie euch gehorchen, unternehmt nichts weiter gegen sie. Allah ist Erhaben und Groß"[9], wird gelegentlich mit der Gewalt gegen Frauen in Verbindung gebracht. Ausgehend von diesem Koranvers – in dem beschrieben wird, welche letzten Optionen einem Mann im Falle der von seiner Frau verschuldeten Unfriede und unmoralische Einstellungen, als Entgegenwirken bleiben – zu behaupten, dass der Islam die Gewalt gegen Frauen legitimiere, ist ein ernsthafter Irrtum. Dieser Irrtum basiert darauf, dass die Ehemänner der damaligen gesellschaftlichen Struktur, die Besitzer und die Verantwortlichen für fast alles in der Familie waren, einschließlich der Ehefrau und Kinder und demnach der Mann bei Unfriede, der durch das unkeusche Benehmen seiner Frau erzeugt wurde – nach allen angewandten Optionen – als letzte Lösung die Züchtigung seiner Frau als ein Gebot Allahs vernahm und so deutete, das es definitiv ausgeführt werden müsse.

Der letzte Teil des Koranverses: „[...] und wenn sie euch gehorchen, unternehmt nichts weiter gegen sie", lässt ersichtlich werden, dass dies eine der damaligen Gesellschafts- und Familienstruktur entsprechende Lösung war, um die Scheidung des Mannes von seiner Ehefrau zu verhindern, und sie

---

8 Muslim: Sahih, Hadsch, 147 (M2950).
9 Koran: an-Nisa, 4/34.

so nicht ihr Zuhause verliert. Ferner ist es prägnant, dass der physische Eingriff, der auch in einigen Überlieferungen der Abschiedspredigt des Propheten Erwähnung findet, einer Gewalt provozierenden Situation bedingt, die durch das unkeusche Verhalten der Frau erzeugt wird, lediglich eine Art Ermahnung darstellt, die keinesfalls übertrieben werden darf.[10]

Ein Muslim darf diesen Koranvers nicht als Erlaubnis betrachten, seine Frau zu unterdrücken und Gewalt gegen sie anzuwenden, und darf dies nicht als Normalfall betrachten. Denn der Gesandte Allahs (s.a.w.), der diese Koranverse den Menschen verkündete, lehrte den Muslimen auch, wie diese zu verstehen und zu praktizieren sind. So wie die Ritualgebete in der Form verrichtet werden, wie er sie lehrte, so sind auch die Ehefrauen so zu behandeln, wie er es tat. Die Einstellung und das Verhalten des Propheten, der verkündete: *„Von den Gläubigen sind bezüglich des Glaubens diejenigen am reifsten, deren Charakter (Ahlaq) am besten ist. Und von euch sind diejenigen am vorzüglichsten, die ihre Frauen am besten behandeln"*[11], sollten den Muslimen ein einzigartiges Beispiel sein. Außerdem sagte er zu einem Gefährten, dass er seine Frau nicht als hässlich bezeichnen solle und sie auch nicht schlagen dürfe.[12] Es ist nicht vertretbar, anzunehmen, dass Allah Ta´ala Gewalt unter den Eheleuten wünschen würde, wo Er doch die Liebe und Barmherzigkeit zwischen den Eheleuten erschuf und diese als Beweis Seiner Existenz offenbart[13] und mit der Verkündung: *„Verkehrt mit ihnen (den*

---

10 Vgl. Muslim: Sahih, Hadsch, 147 (M2950).
11 Tirmidhi: Sunan, Rada', 11 (T1162): Ibn Madscha: Sunan, Nikah, 50 (IM1978).
12 Vgl. Abu Dawud: Sunan, Nikah, 40-41 (D2143).
13 Vgl. Koran: ar-Rum, 30721.

Frauen) anständig. Und wenn sie euch zuwider sind, ist euch vielleicht etwas zuwider, in das Allah Reichtum gelegt hat"[14], den Mann ermahnt, sich für seine Frau einzusetzen.

Die Quelle der Gewalt in der Familie, insbesondere an Frauen, hat unterschiedliche Gründe. Es widerspricht der Natur, dass beide Geschlechter, die unterschiedlich erschaffen wurden und in verschiedenen Umgebungen aufwuchsen, ohne jegliche Bemühung miteinander konform werden. Eine sinnvolle Anpassung kann nur durch die natürliche Akzeptanz der Unterschiede, durch gegenseitige Toleranz und Hingabe erfolgen. Diese Geduld nicht zu zeigen, direkt in Widerstreit zu geraten, Gewalt auszuüben und letztendlich die Trennung zu erwägen, ist eine Haltung, die weder von Allah Ta´ala noch von Seinem Gesandten gestattet ist. Daher befiehlt Allah, Der Erhabene, wie bereits erwähnt, das gute Auskommen mit den Frauen und verkündet, dass in gewissen Dingen Gutes liegt, auch wenn sie einem zuwider erscheinen.[15] Der Gesandte Allahs (s.a.w.) bekräftigt die Botschaft dieses Koranverses mit folgender Aussage: *„Der Gläubige soll seiner gläubigen Ehefrau gegenüber keine negativen Gedanken hegen, denn auch wenn er einige ihrer Eigenschaften nicht mag, so hat sie wiederum Eigenschaften, die er mag."*[16]

Die erste Erscheinung der Missstimmung in der Familie beginnt damit, dass die Eheleute verletzend zueinander sind und Worte verwenden, die in Beleidigungen übergehen. Dieses sich ständig wiederholende Verhalten kann mit der Zeit zur Gewohnheit werden und kann so wahrgenommen werden, als ob es ein natürlicher Teil der Familienbeziehung

---

14 Koran: an-Nisa, 4/19.
15 Vgl. Koran: an-Nisa, 4/19.
16 Muslim: Sahih, Rada‘, 61 (M3645).

wäre. Dabei können die von Allah und Seinem Gesandten verbotenen schlechten Worte[17] in der Familie sowohl für die Eheleute als auch für die Kinder zur psychischen Gewalt ausarten und das Leben unerträglich machen. *Abu Hudhayfah* (r.a.), der dem Propheten (s.a.w.) erzählte, dass er gegenüber seiner Familie verletzend und beleidigend sei, jedoch anderen gegenüber sich nicht so verhalte, und ihn fragte, wie er sich in diesem Fall zu verhalten habe, bekam als Antwort, dass er ‚hierfür täglich mehrmals Allah Ta´ala um Verzeihung bitten solle'.[18]

Der Gesandte Allahs (s.a.w.) empfahl einem anderen Gefährten namens *Lakit ibn Sabr* (r.a.), der sich über die kränkenden Worte seiner Frau beschwerte, sich von ihr zu scheiden. Auf die Aussage von *Lakit*: „Wir haben gemeinsam eine lange Zeit hinter uns und auch ein Kind", sagte der Prophet: *„Erteile ihr Ratschläge. Wenn du an ihr eine gute Entwicklung siehst, so führe dies weiter"*, wodurch er nicht zuließ, dass der Mann zur Gewaltanwendung neigt.[19] Insofern kann gesagt werden, dass unser Prophet, dem bewusst war, dass Gewalt keine Lösung ist, bei ernsthaften familiären Streitigkeiten, die die Fortführung der Ehe unmöglich machen, den Eheleuten empfahl, eine Trennung auf zivilisiertem Wege in Erwägung zu ziehen. Unser Prophet (s.a.w.) ermahnte auch diejenigen, die mit schwerwiegenden Worten das Unbehagen innerhalb einer Familie anfachen. Der Gesandte Allahs (s.a.w.) verkündete: *„Wer die Frau gegen ihren Mann und den Diener/Sklaven gegen seinen Herrn aufhetzt, gehört nicht zu*

---

17 Vgl. Koran: an-Nisa, 4:/48; Tirmidhi: Sunan, Birr, 48 (T1977).
18 Vgl. Ibn Madscha: Sunan, Adab, 57 (IM3817); Darimi: Riqaq, 15 (DM2751).
19 Abu Dawud: Sunan, Taharah, 55 (D142).

uns"[20], und legte mit diesen Worten dar, welche Bedeutung er dem Schutz der Familie beimisst.

Unser Prophet (s.a.w.), den es befremdete, dass ein Mann seine Frau schlug, mit der er sein Leben teilt, sagte: *„Niemand darf seine Frau schlagen, so als würde er einen Sklaven schlagen. Dann geht er noch (unverschämt) am selben Abend zusammen mit ihr ins Bett!"*[21] Es wäre nicht richtig, aus der Aussage in den *Ahadithen*, „so wie er eine Sklavin (oder Leibeigene) schlägt", abzuleiten, der Prophet fände das Schlagen der Diener und Sklaven angemessen. Diese Aussage enthält lediglich die Feststellung, dass in der damaligen Gesellschaft Diener und Sklaven mehr der Gewalt ausgesetzt waren, und dass die Menschen dies als normal betrachteten. Schließlich sind die Mahnungen des Gesandten zu diesem Thema offenkundig. Er äußerte: *„Wenn einer von euch seinen Sklaven/ Leibeigenen schlägt, so soll er sich in dem Moment an Allah erinnern und seine Hand sofort davon (seinen Diener/Sklaven zu schlagen) zurückhalten!"*[22] Der Gefährte *Abu Mas'ud al-Badri* (r.a.) erzählte: „Ich schlug meinen Diener/Sklaven. Ich hörte hinter mir eine Stimme: ,*Wisse, Abu Mas'ud …*' Als ich mich umdrehte, sah ich den Gesandten Allahs vor mir. Er sagte: ,*Wisse Abu Mas'ud, dass die Macht Allahs über dich größer ist als deine Kraft über deinen Sklaven.*"' *Abu Mas'ud*, der weiter erzählte, dass er daraufhin seine Peitsche losließ und beteuerte, dass er ab dann keinen seiner Sklaven mehr schlagen werde, berichtete zudem, dass er seinen Sklaven, den er geschlagen hatte, um des Wohlgefallens Allahs willen freiließ.[23]

---

20 Abu Dawud: Sunan, Talaq, 1 (D2175).
21 Bukhari: Sahih, Nikah, 94 (B5204).
22 Tirmidhi: Sunan, Birrwa Sila, 32 (T1950).
23 Muslim: Sahih, Ayman, 34 (M4306); Muslim: Sahih, Ayman, 35 (M4308).

In einer Überlieferung von *Ibn Umar* (r.a.) wird berichtet, dass der Gesandte Allahs (s.a.w.) verkündete: *„Wer seinen Diener/Sklaven ohrfeigt und schlägt, dessen Buße ist es, dass er ihn freilässt."*[24]

Auch wenn die am meisten verbreitete Form der physischen Gewalt in der Familie gegen Frauen gerichtet ist, kann die Gewaltausübung auch von der Frau gegen den Mann, von den Eltern gegen die Kinder, von den Kindern gegen ihre Eltern gerichtet sein. In diesem Kontext zählt auch die moralische und psychische Unterdrückung zur Gewalt. Im Falle, dass sich die Eheleute des Ehebruchs bezichtigen, dies jedoch nicht auf geltende Beweise stützen können, liegt beispielsweise eine Verleumdung vor: moralische Gewalt gegen die Ehre und die Würde. Da insbesondere die Frau solchen Anschuldigungen ausgesetzt ist und hierdurch den meisten Schaden erlangt, wird im edlen Koran für den Schutz der Frau verkündet, dass diejenigen, die diese Verleumdung begangen haben, mit achtzig Hieben ausgepeitscht werden und ihr Zeugnis nie mehr angenommen werden darf.[25] Wenn ein Ehepartner Geheimnisse an andere weitergibt, ist das eine Art der psychischen Gewalt. Denn das Weitererzählen der Geheimnisse, die sich die Familienmitglieder gegenseitig im Vertrauen offenbaren, und der privaten Informationen an andere ist ein Verstoß gegen deren Persönlichkeitsrecht. Aus diesem Grund verkündete der Gesandte Allahs (s.a.w.): *„Am Jüngsten Tag hat derjenige bei Allah die übelste Position, der mit seiner Frau zusammenkommt und die Geheimnisse aus ihrem Privatleben an andere verbreitet."*[26]

---

24 Muslim: Sahih, Ayman, 29 (M4298).
25 Vgl. Koran: an-Nur, 24/4.
26 Muslim: Sahih, Nikah, 123 (M3542).

Der Prophet Muhammed (s.a.w.), der sagte: *„Demjenigen, der sich der Menschen nicht erbarmt, wird auch Allah kein Erbarmen zeigen"*[27], verbot, dass sich die Menschen in oder außerhalb der Familie gegenseitig tyrannisieren und peinigen.[28] Auf die Frage bezüglich der Fehler während der Pilgerfahrt (*Hadsch*) antwortete er: *„Diese haben keine Relevanz, solange nicht der 'Irdh (die Ehre und Persönlichkeit) eines Menschen verletzt wird. Denn solch einer (der dies tut) begeht eine (wahre) Sünde und stürzt ins Verderben"*[29], und betonte hiermit, dass bei Allah die physischen sowie psychischen Angriffe auf Menschen eine größere Bedeutung haben als die Fehler während der Verrichtung von Glaubenspraxen (*Ibadah*). Unser Prophet (s.a.w.) erhob außer im Krieg niemals seine Hand gegen einen Menschen; er schlug weder eine Frau noch einen Diener.[30] Während er den Muslim als, *„derjenige, vor dessen Hand und Zunge andere Muslime in Sicherheit sind"*[31], definiert, mahnte er zugleich mit folgenden Worten: *„Diejenigen, die die Menschen peinigen, werden der Pein Allahs ausgesetzt sein."*[32] Als *Abu 'Ubayda ibn Dscharrah* (r.a.), der als Gouverneur von Damaskus in der Amtszeit des Kalifen *Umar* (r.a.), von einem Mann mit Gewalt die Kopfsteuer (*Dschizya*) einzutreiben versuchte, sprach *Halid Ibn Walid* (r.a.) mit ihm über dieses Thema. Als daraufhin *Halid Ibn Walid* (r.a.) gesagt wurde: „Du hast den Gouverneur verärgert", erwiderte er: „Meine Absicht war nicht, ihn zu verärgern, aber ich hörte den Gesandten Allahs Folgen-

---

27 Bukhari: Sahih, Tawhid, 2 (B7376).
28 Vgl. Bukhari: Sahih, Madhalim, 3 (B2442).
29 Abu Dawud: Sunan, Manasik, 87 (D2015).
30 Vgl. Muslim: Sahih, Fada'il, 79 (M6050).
31 Bukhari: Sahih, Iman, 4 (B10).
32 Muslim: Sahih, Birr wa Sila, 117 (M6657).

des sagen: ‚*Diejenigen, die am Jüngsten Tag die höchste Strafe erlangen werden, werden diejenigen sein, die im Diesseits die Menschen am meisten gepeinigt haben.*'"[33]

Der Gesandte Allahs (s.a.w.), der auf Angriffe und Ungerechtigkeiten gegen Menschen dermaßen sensibel reagierte, zeigte als Ehemann, als Vater und als Familienvorstand gegenüber seinen Ehefrauen, Kindern, Enkelkindern und Dienern dieselbe Sensibilität, behandelte sie mit Liebe und Barmherzigkeit. Die strengste Haltung, die er gegenüber seinen Ehefrauen einnahm, war eine einmonatige gekränkte Zurückhaltung aufgrund einiger Geschehnisse.[34] Außerhalb dieser Geschehnisse entgegnete er selbst der Eifersucht seiner Ehefrauen mit Reife[35] und schwieg, wenn sie ihm gegenüber ab und zu ihre Stimme erhoben. Als er mitbekam, dass *Abu Bakr* (r.a.) und *'Umar* (r.a.) zu ihren Töchtern, die mit dem Propheten verheiratet waren, gelegentlich streng waren, weil sie glaubten, sie hätten ihn betrübt,[36] verhinderte er, dass sie ihre Töchter zurechtwiesen.[37]

Die reife und gelassene Haltung des Gesandten Allahs (s.a.w.) ist auch da ersichtlich, wo er seiner geliebten Ehefrau *Aischa* (r.a.) erzählt, wie er ihre Zufriedenheit und Aufregung bemerkt. Nach der Überlieferung von *Aischa* (r.a.) sagte der Prophet Muhammed (s.a.w.) zu ihr: „*Ich merke, wann du zufrieden mit mir bist und wann du wütend auf mich bist*", woraufhin *Aischa* (r.a.) ihn fragte, wie er dies merke. Da antwortete er: „*Wenn du zufrieden mit mir bist, so sagst du:*

---

33 Ibn Hanbal: Musnad, IV, 90 (HM16943);Tayalisi: Musnad, II, 11 (TM1253).
34 Vgl. Muslim: Sahih, Talaq, 30 (M3691).
35 Vgl. Abu Dawud: Sunan, Buyu' (Idscharah), 89 (D3567); Bukhari: Sahih, Talaq, 8 (B5267).
36 Vgl. Muslim: Sahih, Talaq, 29 (M3690).
37 Vgl. Abu Dawud: Sunan, Adab, 84 (D4999).

‚*Oh nein, um Allahs, dem Herrn Muhammeds, willen, das geht nicht.*' *Wenn du jedoch wütend auf mich bist, so sagst du:* ‚*Oh nein, um Allahs, dem Herrn Abrahams willen, das geht nicht.*'" Auch die darauffolgende Antwort von *Aischa* (r.a.) illustriert die Feinfühligkeit einer Frau, die ihren Mann sehr liebt: „*Ja, aber bei Allah, oh Gesandter Allahs, ich ertrage nur die Ferne von deinem Namen.*" [38]

Die Vorliebe unseres Propheten (s.a.w.) für seine Kinder und Enkelkinder ist sehr bekannt. Dass er seine Liebe für seine Tochter *Fatima* (r.a.) bei jeder Gelegenheit zeigte,[39] seine Liebe für seine Enkelkinder oft zum Ausdruck brachte[40] und sie sogar während des Gebets auf den Schultern und auf dem Rücken trug,[41] sind offenkundige Indizien für diese Vorliebe. Unser Prophet behandelte seine Diener genauso, wie er seine Familienmitglieder behandelte. Die diesbezüglichen Überlieferungen von *Anas ibn Malik* (r.a.) zeichnen von seinem sanften Charakter und zugleich von seiner reifen Haltung ein deutliches Bild: „Ich diente dem Gesandten Allahs zehn Jahre lang. Bei Allah, er sagte mir nicht einmal ‚uff!' Er sagte weder infolge einer Handlung: ‚*Warum hast du das so getan?*', noch sagte er: ‚*Hättest du das doch so getan!*'"[42]

Auch wenn die natürliche Liebe der Eltern für ihre Kinder eine schlechte Behandlung in gewissem Maße verhindert, so behebt sie diese dennoch nicht vollkommen. Es wird sogar gelegentlich der Gedanke gehegt – wobei in Vergessenheit gerät, dass die Kinder dem Menschen als ein Anvertrautes

---

38 Bukhari: Sahih, Nikah, 109 (B5228).
39 Vgl. Tirmidhi: Sunan, Manaqib, 60 (T3872); Abu Dawud: Sunan, Adab, 143-144 (D5217).
40 Vgl. Bukhari: Sahih, Adab, 22 (B6003).
41 Vgl. Bukhari: Sahih, Adab, 18 (B5996); Nasa'i: Sunan, Tatbiq, 82 (N1142).
42 Muslim: Sahih, Fada'il, 51 (M6011).

(*Amanah*) Allahs gegeben wurden –, dass sie wie ein Besitz seien, über den frei verfügt werden kann. Aus diesem Grund hatten manche Stämme während der *Dschahiliyyah*-Zeit keine Bedenken, ihre Töchter umzubringen, die sie als finanzielle Last und Anlass zur Scham sahen. Allah Ta´ala warnt diejenigen, die dieses schwere Verbrechen begingen, mit dem Koranvers: „*Und tötet eure Kinder nicht aus Furcht vor Verarmung. Wir versorgen sie und auch euch. Sie zu töten, ist wahrlich eine große Sünde.*"[43] Auch wenn dieser erbarmungslose Vollzug an Kindern in der Familie der Vergangenheit angehört, bestand die Gewaltanwendung gegen Kinder und deren Missbrauch in der Geschichte fort und dauern heute noch an. Ein Kind, ohne triftigen Grund abzutreiben, Kinder in jungem Alter zur Arbeit zu zwingen, Kinder zum Betteln und zu Straftaten zu nötigen, sie zu schlagen und ihren Willen zu brechen sind Beispiele der Gewalttaten, die von den Eltern ausgehen können. Die Anzahl der Kinder, die den Großteil ihrer Zeit aufgrund von häuslicher Gewalt auf der Straße und in einem inadäquaten Umfeld, das mit der Ehre und Persönlichkeit des Menschen unvereinbar sind, verbringen, steigt stetig.

Insbesondere werden in einigen Gesellschaften junge Mädchen wegen sexueller Kontakte, egal ob diese gewollt oder ungewollt waren, zur Wiederherstellung der Ehre ermordet – eine Tat, die zu den erbarmungslosesten Beispielen der innerfamiliären Gewalt zählt. Alle, die diesen Mord begehen, auch die Oberhäupter der Familie, die dieses Urteil gefällt haben, sind Teil dieses Vergehens. Denn das Opfer dieser Unrechtstat müsste eigentlich von ihrer Familie und von allen Angehörigen in Schutz genommen werden. Wird eine

---

43 Koran: al-Isra, 17/31.

Person durch ihre eigene falsche Entscheidung zum Opfer, so gehört die Schuld ihr allein. Hat diese Person das Pubertätsalter erreicht (besitzt sie eine gewisse Reife und Zurechnungsfähigkeit), so verbüßt sie die Strafe ihrer Tat und bittet Allah um Verzeihung. Hat die Person das Pubertätsalter jedoch noch nicht erreicht, so wird sie vom Familienvorstand gewarnt und belehrt. Damit sie nicht erneut einer Gefahr ausgesetzt wird, sollte sie behütet werden. In beiden Fällen hat die Familie kein Recht, über ihre Kinder zu urteilen und sie zu bestrafen. Im Islam ist jeder für seine eigenen Taten verantwortlich und niemand nimmt die Sünden anderer auf sich.[44] Die Eltern müssten, anstatt ihre Kinder zu bestrafen, eher an ihre diesbezügliche Verantwortung denken und sich selbst zur Rechenschaft ziehen. Des Weiteren sollte auch das soziale Verantwortungsbewusstsein eintreten; die Gesellschaft sollte sich solcher Taten annehmen und ihre Pflicht erfüllen. Die Gesellschaft sollte für die Kinder, die sich infolge häuslicher Gewalt und Streitigkeiten zwischen den Eltern von dem Familienumfeld distanziert haben und einer Straftat zum Opfer gefallen sind, rechtliche, soziale, pädagogische und wirtschaftliche Maßnahmen ergreifen. Insbesondere ist hierbei die Vermittlung der Familienoberhäupter und der Ehrenamtlichen in der Gesellschaft, die einen gesunden Menschenverstand besitzen, von existenzieller Bedeutung.

Andererseits ist die Gewalt von Kindern gegen ihre Eltern eine Angelegenheit, die der Islam oftmals aufgreift. Im edlen Koran wird in vielen Versen auf den Respekt und die gute Behandlung der Eltern hingewiesen.[45] Für Kinder, deren

---

44 Vgl. Koran: al-An´am, 6/164.
45 Vgl. Koran: al-An´am, 6/151; al-Ankabut, 29/8; Luqman, 31/14; al-Ahkaf, 46/15.

Eltern bei ihnen ins hohe Alter kommen, verkündet die Offenbarung: *„Sag daher nicht (einmal) ‚uff!' zu ihnen"*[46], und teilt mit, dass jede Handlung, die sie verletzen kann, zu unterlassen ist. Beim aufmerksamen Lesen wird deutlich, dass in dem Koranvers nicht nur die physische Gewalt verboten wird, sondern auch jegliche Art von psychischer Gewalt durch Worte und Handlungen, die sie betrüben oder herabwürdigen könnte. Die gute Behandlung der Eltern ist von solch einer großen Wichtigkeit, dass in manchen Koranversen unmittelbar nach dem Gebot, Allah zu dienen, das Gebot, den Eltern Gutes zu tun, im Zusammenhang aufgeführt wird.[47] Auch unser Prophet Muhammed (s.a.w.) sprach bei jeder Gelegenheit an, wie wichtig es ist, den Eltern Respekt entgegenzubringen und ihnen zu dienen.[48] Er setzte die schlechte Behandlung der Eltern mit Allah beizugesellen gleich und zählte sie zu den großen Sünden[49] und verkündete, dass insbesondere die rücksichtslose Behandlung der Mütter von Allah verboten (haram) wurde.[50]

Der Gesandte Allahs (s.a.w.) gab – entsprechend der Aufgabe seiner Gesandtschaft – notwendige Empfehlungen für das Wohlergehen in der Familie und der Gesellschaft und zeigte zudem durch seine eigene Vorbildlichkeit in der Praxis auf, wie eine muslimische Familie zu sein hat. Als er verkündete: *„Derjenige, der sich unseren Jüngeren nicht erbarmt, und derjenige, der unseren Älteren keinen Respekt zeigt, gehört nicht zu uns"*[51], bezweckte er, angefangen bei der Familie

---

46 Koran: al-Isra, 17/23.
47 Vgl. Koran: al-Baqara, 2/83; an-Nisa, 4/36; al-Isra, 17/23.
48 Vgl. Bukhari: Sahih, Adab, 1 (B5970); Muslim: Sahih, Birr wa Sila, 1 (M6500).
49 Vgl. Bukhari: Sahih, Isti'zan, 35 (B6273); Muslim: Sahih, Iman, 144 (M261).
50 Vgl. Bukhari: Sahih, Adab, 6 (B5975).
51 Tirmidhi: Sunan, Birr wa Sila, 15 (T1919); Abu Dawud: Sunan, Adab, 58 (D4943).

und fortgehend in der Gesellschaft, eine Zivilisation der Liebe und des Respekts aufzubauen. In dieser achtungsvollen Atmosphäre gab er den Frauen den Vorrang und gestaltete seine Beziehungen mit ihnen auf der Grundlage der beständigen Freundlichkeit und Nachsicht. Durch seine edle Haltung gegenüber seinen Ehefrauen gab er sowohl den Beduinen aus der *Dschahiliyyah*-Zeit als auch den Menschen, die bis zum Tag der Auferstehung seinem Weg folgen werden, die Botschaft, wie sie sich ihren Familien gegenüber zu benehmen haben. Seine Warnung an den Diener, der die Kamele führte, welche die Frauen trugen: *„Oh Andschascha, sei langsam! Achte auf (die Kristalle) deine Reisenden, die zerbrechlich sind wie Glas!"*[52], ist ein offenkundiges Indiz für seine feine Rücksicht gegenüber den Frauen und insbesondere gegenüber seinen eigenen Ehefrauen.

Wie die Familiengründung ist auch das beständige Weiterführen der Familie von großer Bedeutung. Der einzige Weg, dies zu gewährleisten, ist die Beseitigung der Ursachen, die das Wohlergehen der Familie beschädigen. Insbesondere in der heutigen Zeit hat die Gewalt, die von Eheleuten und sogar von den Familienmitgliedern gegenseitig verübt wird und physische, moralische und psychische Folgen hat, ein derartiges Ausmaß erreicht, dass sie nicht nur das Wohlergehen der Familie bedroht, sondern die ganze Gesellschaft. Die Beständigkeit der Familienordnung ist davon abhängig, dass sich an erster Stelle die Eheleute und des Weiteren alle Familienmitglieder gegenseitig mit Liebe, Rücksicht und Barmherzigkeit behandeln und ein Bewusstsein von gegenseitigem Recht und von eigener Verantwortung bilden.

---

52 Bukhari: Sahih, Adab, 111 (B6202); Muslim: Sahih, Fada'il, 73 (M6036).

DIE PRIVATSPHÄRE DER FAMILIE: DIE UNANTASTBARKEIT DES PRIVATLEBENS

Der Gesandte Allahs (s.a.w.) hielt Hochzeit mit der Tochter seiner Tante väterlicherseits, *Zaynab bint Dschahsch* (r.a.), und hatte hierfür seine Gefährten zu einem Hochzeitsmahl eingeladen. Die meisten von ihnen hatten sich nach dem Mahl verabschiedet, einige blieben aber noch hartnäckig sitzen. Der Gesandte Allahs fühlte sich zwar wegen ihres langen Verweilens gestört, konnte aber aus Höflichkeit nichts sagen. Er verließ die Gäste und ging eine Weile umher. Aber alles umsonst! Als er zurückkehrte und sah, dass die Gäste immer noch da saßen und sich unterhielten, ging er zum Gemach seiner anderen Frau *Aischa* (r.a.). Schließlich wurde ihm mitgeteilt, dass die Gäste gegangen waren, sodass er sich aufmachte, um in sein Gemach zurückzukehren. Er hatte gera-

de einen Fuß über die Schwelle gesetzt und war mit dem anderen noch draußen, als der *Hidschab*-Vers (Vers bezüglich der Verhüllung) offenbart wurde. Allah Ta´ala lehrte die Gläubigen, wie sie sich zu benehmen hatten, wenn sie zu Gast im Haus Seines Propheten waren, und wie sie seine Ehefrauen um etwas bitten konnten: *„Oh, die ihr glaubt! Tretet nicht in die Gemächer des Propheten ein, sofern ihr nicht eingeladen seid für ein Mahl. Doch kommt nicht (zu früh), um auf seine Zubereitung zu warten. Wenn ihr jedoch dazu aufgefordert werdet, dann tretet ein. Und wenn ihr gespeist habt, geht auseinander, statt euch in Unterhaltung zu verlieren. Siehe, dies würde dem Propheten Leid bereiten, aber er könnte zu scheu sein (euch zum Gehen aufzufordern). Allah aber scheut die Wahrheit nicht. Und wenn ihr sie um einen Gegenstand bittet, bittet sie hinter einem Vorhang. Dies ist reiner für eure und ihre Herzen. Und es steht euch nicht zu, dem Gesandten Allahs Leid zuzufügen, und auch nicht, jemals seine Gattinnen nach ihm zu heiraten. Siehe, das wäre bei Allah eine ungeheuerliche Sache."*[1]

---

1 Koran: al-Ahzab, 33/53; siehe auch Bukhari: Sahih, Tafsir, (al-Ahzab) 8 (B4793); Muslim: Sahih, Nikah, 87 (M3500).

Da die Araber der vorislamischen Zeit keinen besonderen Wert auf die Intimität des Privatlebens legten, kam es manchmal vor, dass sie die Häuser der anderen ohne Erlaubnis betraten. Dabei fanden sie es auch nicht anstößig, wenn sie Zeuge intimer Momente anderer wurden. Dieses Verhalten, das insbesondere die familiäre Privatsphäre missachtete, dauerte an, bis der oben angegebene Vers offenbart wurde.

Während dieser Vers, der auch „*Hidschab*-Vers" genannt wird, einerseits den Gläubigen am Fall des Propheten (s.a.w.) aufzeigt, wie sie sich als Gäste zu verhalten haben, hebt er andererseits die Privatsphäre der Familie hervor, wodurch er lehrt, dass ein Haus nicht ohne Erlaubnis betreten werden darf. Denn dies ist sowohl für die Gäste, die eintreten, als auch für die Bewohner des Hauses schicklicher. Es ist gut nachzuempfinden, wie unangenehm ein unerlaubter Eintritt in fremde Häuser für Familienmitglieder, die sich in ihrer häuslichen Umgebung frei bewegten, gewesen sein muss, insbesondere zur Lebenszeit des Propheten, in der Häuser anstelle von Türen lediglich Vorhänge hatten. Mit dieser Mahnung, die Allah Ta´ala bezüglich der häuslichen Intimität des Propheten verkündet, fordert Er im Grunde alle Gläubigen dazu auf, die Intimität des Privatlebens zu respektieren. Und auch der Prophet (s.a.w.) selbst betonte mit den Worten: „*Wenn einer von euch drei Mal um Erlaubnis bittet, und keine Erlaubnis erhält, so soll er sofort zurückkehren*"[2], dass die Häuser anderer ausschließlich mit Erlaubnis betreten werden dürfen.

---

2 Bukhari: Sahih, Isti'zan, 13 (B6245).

Dass jedoch die aus der *Dschahiliyyah*-Zeit stammende Unachtsamkeit hinsichtlich der Wertschätzung des Privatlebens selbst nach der Offenbarung des *Hidschab*-Verses von Zeit zu Zeit bestehen blieb, wird durch folgende Klage, die eine Frau aus dem *Ansar* dem Propheten darlegte, ersichtlich: „Oh Gesandter Allahs! Manchmal halte ich mich in meiner Wohnung so auf, dass ich in diesem Zustand nicht einmal von meinem eigenen Kind oder von meinem Vater gesehen werden wollte. Doch kommt ab und an plötzlich jemand aus meiner Familie unangekündigt durch die Tür."[3]

Als sich Klagen dieser Art häuften, wurden die diesbezüglichen Verse der Sura *an-Nur* offenbart. Diese Verse beinhalteten folgende Regeln, welche die Achtung der Privatsphäre betreffen:

1. Eine Person darf erst dann in das Haus der Anderen eintreten, wenn sie sich vorher bemerkbar gemacht und dann auch den Friedensgruß entboten hat.[4]

2. Ist keiner zu Hause, so darf die Person erst eintreten, wenn sie die Erlaubnis dazu erhalten hatte. Wird sie jedoch aufgefordert: „Kehr um!", dann muss sie auf der Stelle umkehren.[5]

3. Sowohl gläubige Männer als auch gläubige Frauen haben sich vor dem Anblick des von Allah Verbotenen (*Haram*) zu hüten und ihre Keuschheit zu wahren.[6]

Dabei gilt nicht nur die Privatsphäre von Fremden zu achten. Allah Taʿala befiehlt den Gläubigen mit folgendem Vers,

---

[3] Tabari: Dschamiʿ al-Bayan, XIX, S. 147(TT19/147).
[4] Vgl. Koran: an-Nur, 24/27.
[5] Vgl. Koran: an-Nur, 24/28
[6] Vgl. Koran: an-Nur, 24/30-31.

auch als Familienmitglieder untereinander die Privatsphäre und Intimität zu achten und zu wahren: *„Oh, die ihr glaubt! Lasst euch aus drei Anlässen um Erlaubnis (zum Eintreten) bitten, (auch) von denen, die ihr von Rechts wegen besitzt (eure Leibeigenen), und von denen unter euch, die noch nicht die Geschlechtsreife erlangt haben: vor dem rituellen Morgengebet; zur Zeit, zu der ihr eure Kleider am Mittag ablegt (um euch auszuruhen); und nach dem rituellen Abendgebet [Nachtgebet] (wenn sie zu euch rein wollen). Das sind drei Zeiten, zu denen eure Blöße sichtbar werden könnte. Es ist außerhalb dieser (Zeiten) weder für euch noch für sie eine Sünde, wenn ihr außer zu diesen Zeiten beieinander rein und raus geht. So macht Allah euch Seine Zeichen klar. Allah ist Allwissend und Allweise."*[7]

Unter Beachtung dessen, dass die erste Erziehung in der Familie stattfindet und die Familienmitglieder darin selbst im Umgang miteinander dazu erzogen werden, auf die Privatsphäre des anderen Rücksicht zu nehmen, ist ersichtlich, wie sehr dann auch in der Gesellschaft, die sich aus solchen Familien zusammensetzt, die Privatsphäre geachtet werden muss.

Einerseits rät der Islam dazu, zu heiraten und eine glückliche Familie zu gründen, um ein ideales Familienleben zu führen. Denn nur auf solch einer Grundlage kann die Gesellschaft gedeihen. Andererseits weist er darauf hin, dass die Intimsphäre der Familien vor allen möglichen Gefahren zu schützen ist, damit das Familienglück fortwährt und rechtschaffene Generationen aufgezogen werden können. Leider stehen an erster Stelle der größten Gefahren, die die Intimsphäre des Privatlebens betreffen, Eingriffe in die fa-

---

[7] Koran: an-Nur, 24/58.

miliäre Privatsphäre. Sowohl das Privatleben des Einzelnen als auch die der Familie ist intim, also ehrenwert und vertraulich. Private Angelegenheiten von Einzelpersonen oder Familien zu erforschen und nach außen zu tragen, ist weder aus religiöser, noch aus rechtlicher oder moralischer Sicht vertretbar. Denn, wenn Angelegenheiten bezüglich des Privatlebens eines Individuums und jegliche Beziehungen unter Familienmitgliedern von Außenstehenden vernommen und an andere weitergetragen werden, so stellt dies einen Eingriff in die Privatsphäre der Betroffenen und somit in deren Persönlichkeitsrechte dar.

Der Schutz der familiären Privatsphäre und die Einhaltung der diesbezüglichen Regeln, die der Islam hierfür bestimmt, ist allen voran eine Pflicht der Eheleute, aber auch eine Verantwortung aller Familienmitglieder. Denn Allah Ta´ala ließ die Gläubigen wissen, dass Eheleute einander wie Kleidung sind, die jeweils die Geheimnisse und Fehler des anderen decken und sie schützen: *„Sie (eure Frauen) sind euch ein Kleid, und ihr seid ihnen ein Kleid."*[8] Zudem gab unser Prophet Muhammed (s.a.w.) mit seiner Aussage: *„Zu einer der anvertrauten Gaben, für die man sich am Jüngsten Tag bei Allah am strengsten verantworten muss, gehört, dass ein Mann das Geheimnis seiner Ehefrau weitergab, nachdem er mit ihr zusammen war"*[9], zu verstehen, wie wichtig es ist, diese Privatsphäre zu wahren.

Allah Ta´ala nahm einen Vorfall zwischen dem Propheten und dessen Ehefrauen, von dem die ersten Verse der *Sura at-Tahrim* handeln, zum Anlass und untersagte den Gläubi-

---

8 Koran: al-Baqara, 2/187.
9 Muslim: Sahih, Nikah, 124 (M3543); Abu Dawud: Sunan, Adab, 32 (D4870).

gen, familiäre Geheimnisse offenzulegen,[10] und verkündete, dass das Weitergeben eines Geheimnisses von Eheleuten an Außenstehende kein rechtmäßiges Verhalten ist. Im Vorfall, der in der *Sura at-Tahrim* aufgegriffen wird, hatte der Prophet (s.a.w.) einer seiner Ehefrauen etwas im Vertrauen gesagt, woraufhin sie dies aber an eine seiner anderen Ehefrauen weitertrug. Der Vorfall kam ans Tageslicht, indem Allah Seinen Propheten darüber in Kenntnis setzte und diese zwei Frauen zur Reuebekundung (*Tawba*) aufforderte.[11]

Dieser Stellenwert, den der Islam der Privatsphäre einräumt, geht so weit, dass er sogar zwischen Eheleuten, die eigentlich ein inniges Verhältnis zueinander haben, in bestimmten Bereichen diese Privatsphäre gewahrt sehen will. Dass Eheleute, aufgrund eines gewissen Argwohns, sich gegenseitig verfolgen und heimlich kontrollieren, was auf beiden Seiten nur zu Vertrauensverlust führt, kann hierfür als Beispiel aufgeführt werden. Unser Prophet (s.a.w.) verbot den Männern, bei der Rückkehr von einer langen Reise, nachts unerwartet in ihr Haus zu platzen, um auf diese Weise festzustellen, ob ihre Ehefrauen sie hintergehen oder um ihre sonstigen Fehler aufzudecken.[12] Zudem sagte er: *„Bleibt bloß dem Argwohn fern. Denn der Argwohn ist die Lüge schlechthin. Belauscht nicht die Gespräche voneinander, erforscht nicht die Geheimnisse voneinander, wetteifert nicht miteinander um Überlegenheit und neidet euch nicht gegenseitig, hegt keinen Groll gegeneinander und kehrt einander nicht den Rücken. Oh Diener Allahs! Seid einander Geschwister!"*[13]

---

10 Vgl. Koran: at-Rahrim, 66/1-4.
11 Vgl. Koran: at-Tahrim, 66/4.
12 Vgl. Bukhari: Sahih, Nikah, 121 (B5243); Muslim: Sahih, Imarah, 184 (M4969).
13 Bukhari: Sahih, Adab, 57 (B6064); Muslim: Sahih, Birr wa Sila, 28 (M6536).

Der Hauptgrund, warum das Privatleben von Außenstehenden erforscht und preisgegeben wird, ist die Neugier, die in der natürlichen Veranlagung (*Fitrah*) des Menschen verankert ist. Wenn sich jedoch dieses Gefühl der Neugier über das Privatleben anderer erstreckt, so gewinnt es ein Ausmaß, dass es die Persönlichkeit der Betroffenen beeinträchtigt und ihre Würde verletzt. Dieser Missbrauch der menschlichen Neugier wird „*Tadschassus*" genannt und von Allah Ta´ala mit der Mahnung: „*[…] und bespitzelt euch nicht […]*"[14], verboten. Dadurch, dass Er darauf folgend befiehlt: „*[…]und führt nicht üble Nachrede übereinander*", weist Allah Ta´ala zudem auf den engen Zusammenhang zwischen „*Tadschassus*" und der üblen Nachrede (*Ghiybah*) hin. Andererseits stellt der *Hadith* unseres Propheten (s.a.w.): „*Dass eine Person sich der Dinge, die ihn nicht zu interessieren haben, fernhält, zeigt, dass er ein guter Muslim ist*"[15], regelrecht eine Exegese (*Tafsir*) dieses Verses dar.

Welchen Stellenwert die Intimität des Privatlebens für den Propheten hatte, lässt sich nicht nur aus seinen Aussagen, sondern auch aus seiner Lebensart schließen. Nach einer Überlieferung von *Abu Hurayrah* (r.a.), bemerkte eines Tages der Gesandte Allahs (s.a.w.), als er gerade zu Hause war, wie ein Mann heimlich in sein Haus hineinschaute und geriet in Rage vor Wut. Er lief mit dem eisernen Kamm, den er gerade noch zum Kämmen seiner Haare benutzt hatte, auf den Mann zu,[16] woraufhin der Mann gleich umkehrte und wegrannte. Dieser Mann, der seine familiäre

---

14 Koran: al-Hudschurat, 49/12.
15 Malik: Muwatta': Husn al-Hulq, 1 (MU1638); Tirmidhi: Sunan, Zuhd, 11 (T2317).
16 Vgl. Bukhari: Sahih, Diyat, 23 (B6900).

Privatsphäre verletzte, hatte ihn überaus erzürnt. Als seine Gefährten zu ihm traten, sahen sie, wie er diesen Mann, der sein Haus beobachtet hatte und *Hakam ibn Abu al-'As* hieß, wutentbrannt verwünschte. Als die Gefährten, die nur selten Zeuge dessen wurden, dass der Prophet der Barmherzigkeit jemanden verwünschte, den Grund dafür erfuhren, gerieten auch sie außer sich vor Wut und wollten ihn auch mit Flüchen belegen. Doch der Gesandte Allahs (s.a.w.) erlaubte es ihnen nicht.[17]

Die in den *Hadith*- und *Fiqh*[18]-Werken vorkommenden Formulierungen bezüglich der Strafe einer Person, die das Haus eines anderen beobachtet, basieren im Grunde auf diesem Vorfall. *Hakam ibn Abu al-'As*, dessen Name mit diesem Vorfall in Verbindung gebracht wird, war jemand, der in Mekka (in der Zeit zwischen der ersten Offenbarung und Auswanderung nach Medina) nicht an den Gesandten geglaubt und ihm in dieser Zeit Probleme bereitet hatte. Überdies wird er als ein Mann beurteilt, der auch nachdem er den Islam angenommen hatte, die Lehre des Propheten nicht wahrhaftig verinnerlichte.

Wie auch aus den betreffenden Versen und *Ahadithen* ersichtlich wird, darf nicht unerlaubt in die Häuser Fremder geblickt werden und das Betreten eines Hauses sollte unbedingt mit einer Erlaubnis stattfinden. Der Prophet (s.a.w.) verkündete: *„Es ist niemandem gestattet (halal), ohne vorherige Erlaubnis in das Haus eines anderen hineinzublicken. Wenn er hineinblickt, ist er (als sei er in das Haus) eingetreten [...]."*[19]

---

17 Vgl. Ibn Hadschar: al-Isabah, II, S. 104 (HI2/104).
18 *Fiqh* ist die islamische Wissenschaft, welche sich mit religiösen Urteilen und Rechtsauskünften beschäftigt (Anm. d. Übers.).
19 Tirmidhi: Sunan, Salah, 148 (T357); Ibn Hanbal: Musnad: V, 280 (HM22779).

Wenn er jemanden besuchen wollte, so stellte er sich nicht direkt vor dem Eingang hin, sondern rechts oder links daneben – denn zu seinen Lebenszeiten hatten die Häuser Vorhänge statt Türen und meistens gab es nicht einmal diesen Vorhang –, entbot dann einen Gruß und bat auf diese Weise um Erlaubnis zum Eintreten.[20] Denn nach dem Einblick in die Wohnung und dem Verletzen der Privatsphäre, um Erlaubnis zu fragen, ergibt zweifellos keinen Sinn mehr.[21] Schließlich soll die Frage um Erlaubnis verhindern, dass die eintretende Person die Hausbewohner nicht in einem Zustand erblickt, in dem diese nicht gesehen werden wollen.[22] Geschieht der Einblick ungewollt, so ist der Blick in eine andere Richtung abzuwenden.[23]

Unser Prophet (s.a.w.) erinnerte daran, dass jemand, der die Privatsphäre anderer mit seinen Handlungen verletzt, kein wahrer Gläubiger, sondern allenfalls ein Heuchler (*Munafiq*) sein kann. Jenen, die heimlich das Haus anderer beobachten, gab er daher zu wissen, dass sie von Allah Ta´ala durch Bloßstellung bestraft werden: „*Oh ihr Leute, die ihr mit der Zunge geglaubt habt, in euren Herzen der Glaube aber noch nicht eingegangen ist! Führt keine üble Nachrede über die Muslime und erforscht nicht deren Privatsphäre. Denn wer in Privatsphäre anderer stöbert, dem stöbert auch Allah in seiner Privatsphäre. Und in wessen Privatsphäre Allah stöbert, den wird Er selbst in seinem eigenen Haus bloßstellen (indem Er dann zutage bringt, was er heimlich tut).*"[24]

---

20 Vgl. Abu Dawud: Sunan, Adab, 127-128 (D5186).
21 Vgl. Abu Dawud: Sunan, Adab, 126-127 (D5173).
22 Vgl. Abu Dawud: Sunan, Adab, 126-127 (D5174).
23 Vgl. Muslim: Sahih, Adab, 45 (M5644); Tirmidhi: Sunan, Adab, 28 (T2776).
24 Abu Dawud: Sunan, Adab, 35 (D4880).

Im Rahmen der Intimität des Privatlebens wird zudem das Belauschen von Reden, von denen es unerwünscht ist, dass sie von anderen Menschen gehört werden, im Jenseits mit bitterer Strafe erwidert. So betonte der Gesandte Allahs (s.a.w.) mit den Worten *„[…] Wer eine Gruppe belauscht, obwohl diese keinen Gefallen daran findet oder sich von ihm entfernt hatte, dem wird am Jüngsten Tag Blei ins Ohr gegossen […]"*, die Strenge der diesbezüglichen Strafe.[25] Die Fehler im Privatleben der Menschen zu erforschen und aufzudecken, ist ein Verhalten, dass zum moralischen Verfall der Gesellschaft führen kann. Dementsprechend untersagte unser Prophet (s.a.w.) mit folgenden Worten das Erforschen der Fehler anderer Menschen: *„Wenn du die Mängel und Fehler der Menschen erforschst, wirst du entweder Zwietracht zwischen sie säen oder den Weg dazu bereiten."*[26] Als sie *Abdullah Ibn Mas'ud* (r.a.) einen Mann brachten, mit den Worten: „Der Wein trieft nur so von seinem Bart!", sagte er aus diesem Grund: *„Nach Fehlern zu suchen ist uns verboten worden. Sehen wir aber mit eigenen Augen und zeugen eine Missetat, so bestrafen wir ihn!"*[27]

Es ist jedoch zu beachten, dass es sich bei den Fehlern, die nicht zu erforschen und nicht offenzulegen sind, um Missetaten handelt, bei denen die handelnde Person lediglich sich selbst schadet und andere davon unberührt bleiben. Es ist ein Erfordernis des Islam, persönliche Fehltritte, die weder anderen Individuen noch der Gesellschaft schaden, zu verdecken und wenn möglich die falsch handelnde Person im Rahmen des islamischen Prinzips „das Gute zu gebieten

---

25 Bukhari: Sahih, Ta'bir, 45 (B7042); Abu Dawud: Sunan, Adab, 88 (D5024).
26 Abu Dawud: Sunan, Adab, 37 (D4888).
27 Abu Dawud: Sunan, Adab, 37 (D4890).

und vom Schlechten abzuhalten" zu ermahnen. Hingegen wurde es nicht gebilligt, für die Aufspürung solcher Fehltritte in die Privatsphäre eines Menschen einzudringen und gegen die Regel der Unverletzlichkeit der Wohnung zu verstoßen. Deshalb ist das Privatleben einer Person, wie auch aus den oben aufgeführten Überlieferungen ersichtlich wird, selbst dann zu achten, wenn diese in ihrer eigenen Wohnung, ohne einem anderen zu Schaden, gegen ein religiöses Verbot verstößt; denn laut dem Islam steht die Privatsphäre der Person unter Schutz. Sollte die begangene Missetat aber auch die Allgemeinheit angehen, mit anderen Worten anderen Schaden zufügen, ist es wiederum eine religiöse Pflicht, diese zu verhindern und so schnell wie möglich die verantwortlichen Stellen einzuschalten. In diesen Fällen kann keine Rede von der Intimität des Privatlebens und der Unverletzlichkeit der Wohnung sein. Darüber hinaus gilt auch in Notsituationen, in denen ein dringender Eingriff vonnöten ist, wie zum Beispiel bei einem Brand oder Einbruch, dass hier für das Eintreten in fremde Häuser keine Erlaubnis eingeholt werden muss, um einen Schaden durch diese zu verhindern.

Dass die Achtung der Privatsphäre nicht nur im Zusammenhang mit dem unerlaubten Eintreten oder heimlichen Beobachten fremder Häuser gefordert wird, wird beispielsweise aus einem *Hadith* ersichtlich, der auch das unerlaubte Lesen des Buches oder Briefs eines Menschen in diesem Rahmen als Missachtung der Privatsphäre wertet.[28] So können auch Fälle, wie andere mit dem Fotoapparat oder der Kamera aufzunehmen, sie mit dem Handy oder ähnlichen

---

28 Vgl. Abu Dawud: Sunan, Witr, 23 (D1485).

Medien abzuhören und das Abgehörte zu speichern oder ihre persönlichen Daten und Dokumente über das Internet und anderen Wegen zu erlangen als Beispiele für die Missachtung der Privatsphäre genannt werden. Vertrauliche Informationen und Bilder, die bei diesen Handlungen erfasst wurden und die Intimsphäre des Privatlebens verletzen, sind leider zum unverzichtbaren Material der Boulevardpresse und ähnlichen Sendeformaten geworden, die heute ein Produkt der Populärkultur sind. Dass solch Verstöße und Rechtsverletzungen gegen die Privatsphäre vom Zerfall der Familien, über das Verwaisen von Kindern und sogar bis hin zu Tötungsdelikten zu vielerlei Problemen führen können, zeigt, wie wichtig die Wahrung der Privatsphäre ist und wie angebracht die Regeln sind, die der Islam in diesem Zusammenhang bestimmte.

Folglich sollte niemand versuchen, sich über illegale Wege Zugang zur Privatsphäre anderer zu verschaffen. Denn eine Person, die die privaten Angelegenheiten anderer erforscht und deren unerwünschte Umstände auskundschaftet und öffentlich macht, begeht dadurch zum einen eine Sünde, weil sie eine für sie verbotene Handlung vollführt, und zum anderen eine Sünde, weil sie schlechte Annahmen (*Su-i Zan*) über andere verbreitet. Für die Gesellschaft hat dies wiederum zur Folge, dass das Vertrauen zwischen den Menschen schwindet und das nachbarschaftliche Verhältnis leidet. Es entsteht eine Atmosphäre der Unsicherheit, in der jeder dem anderen misstraut. Alle Gläubigen, gleich ob verheiratet oder nicht, ob Mann oder Frau, sie alle tragen große Verantwortung, wenn es darum geht, die Privatsphäre zu schützen, besonders im familiär-häuslichen Bereich. Allem voran sind Eheleute und Kinder daher gehalten, die priva-

ten Angelegenheiten, die sich zwischen ihnen abspielen, nicht nach außen zu tragen. An zweiter Stelle kommt, dass jedes Gesellschaftsmitglied, die Privatsphäre anderer Personen und Familien achtend, sich dessen enthalten muss, private Angelegenheiten anderer zu erforschen (*Tadschassus*) und schlechte Annahmen (*Su-i Zan*) über sie anzustellen und zu verbreiten. Kurz gefasst hat jeder die Achtung, die er für sich selbst und die Privatsphäre seiner Familie wünscht, auch den anderen entgegenzubringen. Schließlich darf nicht vergessen werden: Die diesbezüglichen Lehren Allahs und Seines Propheten Muhammed (s.a.w.) bezwecken durch die Zusicherung der individuellen und familiären Privatsphäre die Bildung einer gesunden Gesellschaft, in der Frieden, Vertrauen und gute Moral herrschen.

DAS FAMILIENLEBEN DES PROPHETEN MUHAMMED (s.a.w.): EIN IDEALER EHEMANN, EIN GÜTIGER VATER

Unser Prophet (s.a.w.), der den Frieden, den er im Familienleben suchte, gefunden hatte und eine glückliche Ehe mit *Khadidscha* (r.a.) führte, hatte sich nun auf eine spirituelle Suche begeben. Während dieser Suche zog er sich wie einige andere *Hanifen*[1] in die Einsamkeit in die *Hira*-Höhle zurück, um vor dem ganzen Übel in Mekka zu flüchten. Seine loyale Frau ließ ihn nicht alleine und brachte ihm, obwohl die Höhle, in die er sich ab und an zum Nachdenken (*Tafakkur*) zurückzog, in weiter Entfernung lag, persönlich das Essen, das sie für ihren Ehemann vorbereitet hatte.

---

[1] Als „Hanif" werden jene bezeichnet, die sich in der vorislamischen Zeit als Angehörige des monotheistischen Glaubens bezeichneten, der vom Prophet Ibrahim/Abraham (a.s.) verkündet wurde (Anm. d. Übers.).

Es war der Monat Ramadan des Jahres 610. Muhammed (s.a.w.) erlangte die Ehre, der „Gesandte Allahs" zu sein. In der Höhle *Hira* bekam er die erste Offenbarung. Die Begegnung mit Erzengel Gabriel (a.s.) und die erste Offenbarung lösten bei ihm eine solch große Verwirrung aus, dass der Prophet Muhammed (s.a.w.) das Geschehnis nicht realisieren konnte und zu seiner Frau *Khadidscha* (r.a.) eilte. Nach den Worten: *„Oh Khadidscha, was passiert mit mir?"*, erzählte er ihr, was ihm widerfahren war, und sagte, dass es er Angst um sich habe. Verlor er etwa seinen Verstand, hatte er Wahnvorstellungen oder konnte all dies ein Albtraum sein? *Khadidscha* (r.a.) hingegen war sich ihres Ehemanns sicher. Mit großer Liebe und tiefem Vertrauen sagte sie: „Nein, bei Allah! Allah wird dich ganz bestimmt nicht in Verlegenheit bringen. Denn du pflegst deine Verwandtschaftsbeziehungen, sprichst die Wahrheit, hilfst den Pflegebedürftigen, gibst denen, die nichts haben, bewirtest deine Gäste und unterstützt die, die Unrecht erleiden." Der Gesandte Allahs (s.a.w), der in Angst und Erstaunen war, entspannte sich durch diese liebevollen und verständnisvollen Worte seiner Frau ein wenig.[2]

---

[2] Bukhari: Sahih, Bad' al-Wahy, 1 (B3); Muslim: Sahih, Iman, 252 (M403).

Dass der Prophet (s.a.w.) nach solch einem beängstigenden Ereignis zu seiner Frau eilte, diese Situation mit ihr teilte, und die Unterstützung und der Trost, die *Khadidscha* (r.a.) ihrem Mann gab, zeigt genau genommen das Wesen des vom Propheten errichteten Familienheims; Liebe, Respekt, Vertrauen und Unterstützung – die grundlegenden Elemente, die das Familienleben aufrechterhalten. All dies war in der Ehe des Gesandten Allahs (s.a.w.) mit *Khadidscha* (r.a.) vorhanden.

Der Gesandte Allahs (s.a.w.) verlor seinen Vater noch vor seiner Geburt und seine Mutter im Alter von sechs Jahren. Erst nahm ihn sein Großvater auf und später nahm ihn sein Onkel in seine Obhut. Sie versuchten alles, um ihn nicht die Abwesenheit seiner Familie spüren zu lassen. Sein Onkel und dessen Frau machten nie einen Unterschied zwischen ihm und ihren leiblichen Kindern und behandelten ihn immer mit Mitgefühl und Barmherzigkeit. Dass unser Prophet die Frau seines Onkels als: „*Meine Mutter nach meiner Mutter*", bezeichnete,[3] zeigt, dass sein Onkel und dessen Frau versuchten, ihn in einem echten familiären Umfeld großzuziehen. Ihre wohlwollende Erziehung sollte als Vorlage für die zukünftige Familie des Propheten dienen, der ohne die Liebe seiner Eltern und verwaist aufwuchs.

Als er fünfundzwanzig Jahre alt war, bewunderte *Khadidscha* (r.a.), eine der führenden Geschäftsfrauen Mekkas, in deren Handelskarawane er arbeitete, ihn wegen seines Charakters und seiner Ehrlichkeit und machte ihm einen Heiratsantrag. Unser Prophet Muhammed (s.a.w.), der den Antrag annahm, führte insgesamt fünfundzwanzig Jahre lang

---

3 Tabarani: al-Muʿdscham al-Kabir, XXIV, S. 351 (MK21457).

eine glückliche und friedliche Ehe mit *Khadidscha* (r.a.), davon fünfzehn vor und zehn Jahre nach seinem Prophetentum.⁴ Unser Prophet, der mit einer ehrbaren Partnerin eine Familie gründete und von ihr Kinder bekam, hatte nun endlich eine Familie von einer Art, die er in seiner Kindheit nicht kennengelernt hatte. Seiner Frau *Khadidscha* (r.a.) war er ein liebender Ehemann und seinen Kindern ein liebevoller Vater.

Der Gesandte Allahs (s.a.w.), der mit den Worten: „*Die Ehe ist meine Sunnah. Wer nicht meiner Sunnah entsprechend handelt, gehört nicht zu mir. Heiratet, denn ich werde (am Jüngsten Tag) vor den (anderen) Völkern mit eurer Vielzahl meinen Stolz bekunden [...]*"⁵, die Menschen zur Heirat und zur Familiengründung ermutigte, war den Gläubigen mit seinem Familienleben ein Vorbild. Er bekundete, dass das Familienleben für die Ehepartner bezüglich der körperlichen, geistigen und seelischen Gesundheit einen Existenzraum darstellt, und führte aus, dass das Familiennest für Kinder in Bezug auf ihre Persönlichkeitsentwicklung, ihren Glauben, die Wertevermittlung und das Anlegen guter Gewohnheiten eine Schule sei.

Der Gesandte Allahs (s.a.w.) war ein Familienoberhaupt, das seine Familienmitglieder herzlich und innig behandelte, ihnen das Gefühl gab, geschätzt zu werden, sich über ihre Freuden freute und mit ihnen trauerte, wenn sie traurig waren. In seinen Beziehungen zu ihnen legte er einen warmen und harmonischen Stil an den Tag, der auf Liebe, Respekt und Höflichkeit beruhte. So zeigte der Gesandte Allahs mit

---

4 Vgl. Ibn Hischam: Sirah, II, S.5 (HS2/5).
5 Ibn Madscha: Sunan, Nikah, 1 (IM1846); Bukhari: Sahih, Nikah, 1 (B5063).

den Worten: *„Der Beste unter euch ist derjenige, der seine Familie am besten behandelt. Und ich bin derjenige unter euch, der seine Familie am besten behandelt"*[6], den Gläubigen, wie sie Frieden in ihrem Familienleben finden würden.

Unser Prophet (s.a.w.), der sich eine Familienatmosphäre wünschte, in der Liebe, Respekt, Mitgefühl und Barmherzigkeit vorherrschen, versäumte es nie, die angemessenen Wünsche seiner Frauen und Kinder zu erfüllen. Er ließ sie spüren, dass er sie schätzte. So wollte sich beispielsweise *Aischa* (r.a.) eines Festtages die Schild- und Speer-Aufführung der Abessinier ansehen, woraufhin der Gesandte Allahs ihr den Wunsch erfüllte. Er nahm sie auf seinen Rücken und ließ sie so lange zuschauen, wie sie wollte.[7] Dass er, wenn er irgendwohin gehen wollte, um die Erlaubnis seiner Frau fragte,[8] zeigt, welch großen Wert er ihr beimaß.

Manchmal zeigte er seine Wertschätzung gegenüber seiner Frau, indem er sie konsultierte und Angelegenheiten mit ihr besprach. Der Gesandte Allahs (s.a.w.), der die Angst und Aufregung der ersten Offenbarung mithilfe seiner Frau *Khadidscha* (r.a.) überwunden hatte, löste ein Problem, mit dem er nach dem *Hudaybiyah*-Friedensabkommen konfrontiert war, indem er die Meinung seiner Frau *Umm Salama* (r.a.) einholte.

Die harten Bedingungen des *Hudaybiyah*-Friedensabkommens, welches zwischen den Muslimen, die nur mit der Absicht der *Umrah* nach Mekka aufbrachen, und den Polytheisten, die diese nicht nach Mekka hineinließen, geschlos-

---

6   Tirmidhi: Sunan, Manaqib, 63 (T3895).
7   Vgl. Bukhari: Sahih, 'Idayn, 2 (B950).
8   Vgl. Muslim: Sahih, Talaq, 23 (M3682).

sen wurde, waren für die Prophetengefährten so schwer zu ertragen, dass nach dem Abkommen keiner von ihnen den Befehl des Propheten, ein Opfer zu schlachten und die Haare zu schneiden, befolgte. Der Gesandte Allahs (s.a.w.), dem dies sehr zusetzte, ging zu seiner Frau *Umm Salama* (r.a.), erzählte ihr von den Ereignissen und beriet sich mit ihr darüber. *Umm Salama* (r.a.) sagte: „Oh Gesandter Allahs, willst du dies denn tun? Wenn das so ist, dann geh raus und rede kein Wort mit ihnen, bis sie ihr Opfer geschächtet, einen Barbier gerufen und ihre Haare rasiert haben", und zeigte ihm so einen Ausweg. Der Prophet (s.a.w.) setzte diesen Vorschlag seiner Frau um und tat selbst, was er von ihnen gefordert hatte, woraufhin seine Gefährten seinem Vorbild folgend das Gleiche taten;[9] so löste sich die Anspannung auf und die Krise wurde überwunden. So bewältigte der Gesandte Allahs diese schwierige Situation mit der Unterstützung seiner Frau.

Der Gesandte Allahs (s.a.w.) war in seinen Familienbeziehungen treu. Auch nach dem Tod seiner ersten Ehefrau *Khadidscha* (r.a.) erwähnte er sie stets im Guten. Wenn er ein Schaf schlachtete, schenkte er davon auch den Menschen, die seine verstorbene Frau liebte, und hielt sich nie davon zurück, seine Loyalität ihr gegenüber zu zeigen.[10] Aufgrund seiner diesbezüglichen Haltung kam es auch manchmal dazu, dass *Aischa* (r.a.) ab und an eifersüchtig auf *Khadidscha* (r.a.) wurde, sodass sie sogar sagte, dass sie, obwohl sie sie nie gesehen hatte, die größte Eifersucht gegenüber *Khadidscha* (r.a.) verspürte, für die Allah einen

---

9 Vgl. Bukhari: Sahih, Schurut, 15 (B2731).
10 Vgl. Bukhari: Sahih, Adab, 23 (B6004).

Palast im Paradiesgarten vorbereitet hat.¹¹ Einmal zierte sie sich vor dem Propheten, der *Khadidscha* (r.a.) oft erwähnte, mit den Worten: „Warum gedenkst du ständig einer alten Frau von den *Quraysch*, deren Mundinneres knallrot war (weil sie keine Zähne mehr hatte) und die eine alte verstorbene Frau ist? Dabei hat dir Allah doch eine bessere als sie gegeben!"¹² Auch wenn er dieser Eifersucht mit Verständnis begegnete, antwortete der Gesandte Allahs: *„Allah, Der Allmächtige, hat mir keine bessere Frau als Khadidscha gegeben. Sie glaubte mir, als kein Mensch mir glaubte. Sie bestätigte mich, als alle mich verleugneten. Als die Menschen mir (ihre Hilfe) vorenthielten, unterstützte sie mich mit ihrem Eigentum. Allah, Der Allmächtige, schenkte mir Kinder von keiner anderen Frau als von Khadidscha."*¹³

Der Gesandte Allahs (s.a.w.) begegnete der Eifersucht seiner Frauen mit Verständnis und konnte einige heikle Situationen doch noch zu einem guten Ende bringen. Als eines Tages *Aischa* (r.a.) den Teller mit Essen, den eine andere Frau dem Gesandten Allahs schickte, während er bei ihr war, aus der Hand der Sklavin schlug, zerbrach der Teller auf dem Boden und das Essen wurde verstreut. Unser Prophet sammelte mit seiner üblichen ruhigen und überlegten Art alles auf, was auf dem Boden lag, und entspannte die Lage, indem er sagte: *„Eure Mutter ist eifersüchtig!"*¹⁴ Aischa (r.a.), die ihre Tat bereute, fragte den Gesandten Allahs: „Was ist der Preis für das, was ich gemacht habe?", der Gesandte

---

11 Vgl. Bukhari: Sahih, Nikah, 109 (B5229); Muslim: Sahih, Fada'il as-Sahaba, 74 (M6277).
12 Bukhari: Sahih, Manaqib al-Ansar, 20 (B3821); Muslim: Sahih, Fada'il as-Sahaba, 78 (M6282).
13 Ibn Hanbal: Musnad, VI, 118 (HM25376).
14 Bukhari: Sahih, Nikah, 108 (B5225).

Allahs antwortete: *„Ein Teller wie dieser Teller, ein Essen wie dieses Essen."*[15]

Solche Ereignisse traten auch bei den anderen Ehefrauen des Propheten auf. Unser Prophet (s.a.w.) entgegnete dieser falschen Haltung seiner Frauen nicht mit destruktiven, sondern konstruktiven Antworten. Zum Beispiel gaben ihm die Gefährten, wenn sie ihm etwas schenken wollten, das Geschenk immer dann, wenn er bei *Aischa* (r.a.) war, weil sie seine Liebe zu ihr kannten. Dies störte die anderen Frauen des Gesandten Allahs sehr. Aus diesem Grund bat *Umm Salama* (r.a.) den Gesandten Allahs darum, die Gefährten diesbezüglich zu ermahnen. Jedes Mal, wenn *Umm Salama* (r.a.) dieses Thema neben dem Gesandten Allahs ansprach, zog er es vor, zu schweigen. Doch schließlich sagte er: *„Hört auf, euch über Aischa zu beklagen und mich zu quälen. Ich erhalte bei keiner anderen Frau eine Offenbarung, außer, wenn ich (unter ihrer Decke bin) bei Aischa bin."*[16]

Während der Pilgerreise erkrankte das Kamel von *Safiyyah bint Huyayy* (r.a.), einer Ehefrau des Propheten. *Zaynab* (r.a.) hatte ein zusätzliches Kamel bei sich. Der Gesandte Allahs (s.a.w.) bat *Zaynab* (r.a.), das zusätzliche Kamel *Safiyyah* zu überlassen. Doch *Zaynab* erwiderte ihm: „Soll ich etwa dieses Kamel dieser Jüdin geben?" Daraufhin wurde der Gesandte Allahs sehr wütend und sprach eine Zeitlang nicht mehr mit *Zaynab*.[17] Ebenso sagte der Prophet zu *Hafsa* (r.a.), die *Safiyyah* als „Tochter eines Juden" bezeichnete und sie gering schätzte, sie solle sich vor Allah fürchten. *Safiyyah*

---

15 Abu Dawud: Sunan, Buyu', 89 (D3568).
16 Bukhari: Sahih, Hiba, 8 (B2581);
17 Vgl. Abu Dawud: Sunan, Sunna, 3 (D4602); Ibn Hanbal:Musnad, VI, 132 (HM25516).

(r.a.) jedoch, die ihren Unmut über die Aussagen äußerte, tröstete er sie mit den Worten: *„Du bist wie die Tochter eines Propheten (des Propheten Musa/Moses (a.s.). Auch dein Onkel Harun/Aaron (a.s.) war ein Prophet und zurzeit bist du mit einem Propheten verheiratet. Womit genau prahlt sie vor dir?"*[18]

Der Frieden und das Wohlergehen der Familie sind möglich, wenn die Eheleute in jeder Lebensphase eine verständnisvolle, ausgeglichene, konsequente und gemäßigte Beziehung miteinander pflegen. Es ist eine unendliche Quelle des Glücks für die Ehepaare, sich in schweren und guten Zeiten, an glücklichen und traurigen Tagen gegenseitig zu unterstützen und zu unterhalten, indem sie sich extra Zeit füreinander nehmen. Demgemäß berücksichtigte unser Prophet die unterschiedlichen Stimmungen, Empfindungen und Gemütsarten seiner Familienmitglieder und überwand die Probleme, indem er, wenn es sein musste, schwieg.

Der Gesandte Allahs (s.a.w.), der wusste, dass seine Familie Anrechte auf ihn hatte, nahm sich Zeit für sie. Aus diesem Grund erklärte er, dass diejenigen, die sich immer nur der *Ibadah* (Glaubenspraxen) hingeben und ihre Familien vernachlässigen, sich von seiner *Sunnah* abwenden würden.[19] Er kümmerte sich von Zeit zu Zeit auch um den Haushalt und half seiner Ehefrau.[20] Als *Aischa* (r.a.) gefragt wurde, wie der Gesandte Allahs zu Hause war, sagte sie: „Er war ein normaler Mensch. Er flickte seine Kleider und molk sein Schaf."[21]

---

18 Tirmidhi: Sunan, Manaqib, 63 (T3894); Ibn Hanbal:Musnad, III, 136 (HM12419).
19 Vgl. Abu Dawud: Sunan, Tatawwu', 27 (D1369); Darimi: Sunan, Nikah, 3 (DM2200).
20 Vgl. Bukhari: Sahih, Nafaqat, 8 (B5363).
21 Bukhari: Sahih, al-Adab al-Mufrad, 190 (EM541).

Allah Ta´ala, Der den Propheten Muhammed (s.a.w.) als das beste Vorbild für alle Welten entsandt hat, erteilte bezüglich der Beziehung zwischen Ehegatten folgende Unterweisung: *„[…] Verkehrt mit ihnen (euren Ehefrauen) anständig. Und wenn sie euch zuwider sind, so ist euch vielleicht etwas zuwider, in das Allah Reichtum gelegt hat."*[22] Und der Gesandte Allahs, der von diesem Vers inspiriert wurde, machte folgenden weisen Aufruf: *„Der Gläubige soll seiner gläubigen Frau gegenüber keine negativen Gedanken (keinen Hass) hegen; denn auch wenn er eine Eigenschaft an ihr nicht mag, wird es sicherlich eine andere Eigenschaft an ihr geben, die er mag."*[23] Gleichzeitig forderte der Gesandte Allahs (s.a.w.) von den Männern, dass sie sich gegenüber ihren Ehefrauen tolerant verhalten und sich gegenseitig in Bezug auf die Frauen das Gute anraten.[24]

Aus manchen religiösen, menschlichen und sozio-politischen Gründen ging der Gesandte Allahs mehr als eine Ehe ein. Im Umgang mit seinen Ehefrauen achtete er stets darauf, die Gerechtigkeit zu wahren. Beim Antritt einer Reise ließ er Lose zwischen den Ehefrauen ziehen, um zu bestimmen, wer ihn begleiten würde.[25] Zu den anderen Zeiten kümmerte er sich um jede seiner Ehefrauen, indem er ihnen bestimmte Tage und Nächte zuteilte und diese dann mit seiner entsprechenden Ehefrau verbrachte. *Aischa* (r.a.) erzählt von seinem feinfühligen und rücksichtsvollen Umgang folgendermaßen: *„Der Gesandte Allahs machte keinen Unterschied in Bezug auf die Zeitdauer, die er mit jeder von uns verbrachte."*[26] Und die auserlesenen Ehefrauen des

---

22 Koran: an-Nisa, 4/19.
23 Muslim: Sahih, Rada', 61 (M3645).
24 Vgl. Bukhari: Sahih, Nikah, 81 (B5186).
25 Vgl. Bukhari: Sahih, Hiba, 15 (B2593).
26 Abu Dawud: Sunan, Nikah, 37-38 (D2135).

Propheten, die sich dieses Feingefühls bewusst waren, wetteiferten ebenfalls darum, ihm zu gefallen. So trat *Sawdah* (r.a.), die schon in die Jahre kam[27] und die Liebe des Gesandten Allahs zu *Aischa* (r.a.) kannte, die für sie bestimmte Zeit für *Aischa* (r.a.) ab, um sein Wohlgefallen zu erlangen.[28]

Und auch wenn die von *Aischa* (r.a.) überlieferten Aussagen über den Gesandten Allahs in Form von: „Er küsste seine Ehefrau und trat dann zum Ritualgebet an, ohne die rituelle Waschung zu vollziehen"[29], in der *Hadith*-Literatur im Zusammenhang mit der rituellen Gebetswaschung erwähnt werden, ist dieser Umstand an und für sich auch ein wichtiges Detail, das die warme Zuneigung und Liebe des Gesandten Allahs zu seinen Ehefrauen zu Hause zeigt.

Der Gesandte Allahs (s.a.w.) beschütze und behütete seine Frauen und versuchte jegliches Übel von ihnen und von sich selbst abzuwehren. Eines Nachts kam *Safiyyah* (r.a.) zu ihm, als er sich für *I'tikaf*[30] zurückgezogen hatte. Auf dem Rückweg stand der Gesandte Allahs auf, um sie bis zu ihrem Zimmer zu begleiten. Als sie sich der Tür des *Masdschids* näherten, wurden sie von zwei Leuten von den *Ansar* gegrüßt, die sich dann mit schnellen Schritten von ihnen entfernten. Unser Prophet sagte ihnen, dass sie langsam sein sollen, und um Missverständnissen entgegenzuwirken, erklärte er: *„Beeilt euch nicht! Dies ist (meine Frau neben mir) Safiyyah bint Huyayy."* Und auch wenn die Gefährten sagten, dass eine

---

27 Vgl. Muslim: Sahih, Rada', 47 (M3629).
28 Vgl. Bukhari: Sahih, Hiba, 15 (B2593).
29 Abu Dawud: Sunan, Taharah, 68 (D179).
30 Während des *I'tikaf* zieht sich der Gläubige für ein oder mehrere Tage in die Moschee zurück, um abseits vom Weltlichen Glaubenspraxen für Allah nachzugehen (Anm. d. Übers.).

solche Erklärung nicht nötig sei, gab der Gesandte Allahs (s.a.w.) an, er sei besorgt gewesen, dass der Teufel sie hätte in Zweifel stürzen können.[31] Dies ist ein schönes Beispiel für die Feinfühligkeit des Gesandten Allahs gegenüber der Ehre seiner Familie.

Unser Prophet (r.a.) setzte seine Familienmitglieder niemals unter Druck und wandte niemals Gewalt an. Er griff zu keiner Zeit auf ehrverletzende Vorgehensweisen wie Beschimpfungen, Schläge oder erniedrigende und bedrückende Worte zurück. Nach der Erzählung Aischas (r.a.): „Der Gesandte Allahs hat gegen niemanden, außer im Krieg, seine Hand erhoben. Weder gegen eine Frau noch gegen einen Sklaven [...]."[32] Im Gegenteil, er ehrte sie mit liebenswürdigen, feinfühligen Handlungen. Eine seiner taktvollen und rücksichtsvollen Verhaltensweisen war es, dass er die Einladung seines Nachbarn zum Essen nur dann annahm, wenn auch seine Frau eingeladen wurde.[33] Unser Prophet erwartete von seinen Gefährten, dass sie die gleiche Sensibilität in ihren familiären Beziehungen zeigten. So antwortete der Gesandte Allah (s.a.w.), laut einer Überlieferung von Sa'id Ibn Hakim (r.a.), auf die Frage seines Großvaters Mu'awiya al-Qurayschi: „Was befiehlt Ihr bezüglich unserer Frauen?", folgendermaßen: „Versorgt sie (in Art und Qualität) mit dem Essen, das ihr auch esst, kleidet sie (in Art und Qualität) mit dem, was ihr auch tragt, schlagt sie nicht und beleidigt sie nicht."[34]

Das Essen und die Ausgaben im Familienleben des Propheten waren ebenfalls sehr bescheiden. Er zog es stets vor,

---

31 Bukhari: Sahih, Adab, 121 (B6219);
32 Muslim: Sahih, Fada'il, 79 (M6050)
33 Vgl. Muslim: Sahih, Aschriba, 139 (M5312).
34 Abu Dawud: Sunan, Nikah, 40-41 (D2144).

das, was er hatte, mit anderen zu teilen, erzählte seinen Gefährten und seinen Familienmitgliedern von der Vergänglichkeit der Welt sowie der Unendlichkeit des jenseitigen Lebens und sagte, dass ein einfacher, bescheidener Weg, fern von unnötigen Ausgaben und Zurschaustellung eingeschlagen werden sollte. In Bezug auf den Lebensunterhalt seiner selbst und seiner Familie betete er folgendermaßen: *„Oh Allah! Gib der Familie Muhammeds genug Unterhalt, dass sie gerade damit auskommen."*[35] Aischa (r.a.), die berichtete, dass der Prophet und seine Familie von der *Hidschrah* (Auswanderung) nach Medina bis zu seinem Tod keine drei Tage hintereinander Weizenbrot gegessen hatten[36] und dass sie einen Monat lang kein Feuer zum Essenkochen machten und ihr Essen nur aus getrockneten Datteln und Wasser bestand;[37] sie sagte weiterhin, dass, als der Prophet starb, in ihren Zimmern nichts zu essen gewesen sei, außer ein wenig Gerste.[38]

Wie bereits erwähnt, kam es im Haus des Propheten, wie in jeder anderen Familie auch, gelegentlich zu Diskussionen oder Problemen, die sich aus dem negativen Betragen seiner Ehefrauen ergaben. Der Gesandte Allahs (s.a.w.) handelte in solchen Situationen immer mit Geduld und Bedacht. Da im Haus des Propheten zuallermeist eine freundliche und aufgeschlossene Atmosphäre herrschte, wurden auch innerfamiliäre Spannungen durch Gespräche gelöst. In manchen

---

35 Muslim: Sahih, Zuhd wa ar-Raqaiq, 18 (M7440); Bukhari: Sahih, Riqaq, 17 (B6460).
36 Vgl. Bukhari: Sahih, Riqaq, 17 (B6454); Muslim: Sahih, Zuhd wa ar- Raqaiq, 20 (M7443).
37 Vgl. Muslim: Sahih, Zuhd wa ar-Raqaiq, 26 (M7449).
38 Vgl. Bukhari: Sahih, Riqaq, 16 (B6451); Muslim: Sahih, Zuhd wa ar-Raqaiq, 27 (M7451).

Fällen wiederum wurden die Probleme durch das direkte Eingreifen einer Offenbarung gelöst. So erlebten wohl einige der Ehefrauen des Gesandten Allahs aufgrund des bescheidenen Lebens, das er bevorzugte, einige Strapazen und Schwierigkeiten, weswegen sie den Propheten ihren Wunsch nach einem Leben unter besseren Bedingungen spüren ließen. Dieses Verhalten kränkte den Propheten so sehr, dass er einen Monat lang seine Ehefrauen mied. Bald darauf wurde der Koranvers offenbart, der dieses Problem löste und in dem der Gesandte Allahs angewiesen wurde, seine Ehefrauen frei entscheiden zu lassen, zwischen dem Diesseits oder dem Jenseits zu wählen: *„Oh Prophet! Sprich zu deinen Gattinnen: ‚Falls ihr das irdische Leben und seine Reize begehrt, dann kommt; ich will euch (eure Scheidungsabfindung) ausstatten und dann in Frieden gehen lassen. Wenn ihr aber Allah und Seinen Gesandten und die jenseitige Wohnstätte begehrt, so hat Allah für diejenigen von euch, die Gutes tun, großartigen Lohn bereitet.'"*[39] Der Gesandte Allahs (s.a.w.) informierte als Erste *Aischa* (r.a.) und dann alle seine Ehefrauen über diesen Befehl Allahs und bat sie, eine Wahl zu treffen. Die Frauen, die einsahen, dass sie einen Fehler gemacht hatten, sagten alle, dass sie auf das Weltliche verzichten wollten und Allah Ta´ala, Seinen Gesandten und die Wohnstätte im Jenseits bevorzugten.[40]

Der Gesandte Allahs (s.a.w.), der ein liebevoller Ehemann war, war auch als Vater sehr freundlich und mitfühlend. Er liebte es, Kinder glücklich zu machen. Wenn seine Tochter *Fatima* (r.a.) zu ihm kam, stand er für sie auf, hielt sie an der

---

39 Koran: al-Ahzab, 33/28-29.
40 Vgl. Bukhari: Sahih, Tafsir, 5 (B4786); Muslim: Sahih, Talaq, 22 (M3681); Tabari: Dschami' al-Bayan, XX, S. 251.

Hand, küsste sie und setzte sie auf seinen Platz. Und wenn der Prophet zu *Fatima* kam, stand sie sofort auf, hielt seine Hand, küsste ihn und ließ ihn auf ihrem Platz sitzen.[41] Als der Gesandte Allahs (r.a.), der seine Kinder sehr liebte, sah, dass sein Sohn *Ibrahim* mit dem Tode rang, füllten sich seine Augen mit Tränen und er sagte: *„Die Augen tränen, das Herz trauert. (Aber) Wir sagen nichts anderes als das, womit unser Herr zufrieden ist. Bei Allah, oh Ibrahim, wir trauern um dich."*[42]

Der Gesandte Allahs (s.a.w.), der sehr viel Wert auf die Erziehung der Kinder legte, achtete darauf, sie nicht zu verletzen, behandelte sie mit Mitgefühl und selbst seine Ermahnungen waren sanft. Eines Tages, als der Prophet sah, dass *Umar*, der Sohn *Umm Salamas* (r.a.) aus ihrer vorherigen Ehe mit *Abu Salama* (r.a.), seine Hand beim Essen über den ganzen Teller umher führte, ermahnte er ihn folgendermaßen: *„Mein Sohn, sprich die Basmala, iss mit deiner rechten Hand und iss von deiner Seite des Tellers!"*[43] *Anas Ibn Malik* (r.a.) riet er Folgendes: *„Mein Kind, wenn du zu deiner Familie kommst, dann grüße sie. Dies wird für dich und deine Familie ein Segen sein."*[44] Von Zeit zu Zeit erinnerte der Gesandte Allahs (s.a.w.) seine Familienmitglieder an ihre *Ibadah* (Glaubenspraxen), für deren Verrichtung sie verantwortlich waren, und kam somit einerseits seiner Pflicht nach, den Glauben zu vermitteln, und andererseits stellte er sicher, dass sie sich bei der Verrichtung ihrer *Ibadah* nicht nachlässig verhielten. Denn der heilige Koran gab, nachdem er dem Propheten erklärt hatte, dass er sich nicht von der

---

41 Vgl. Abu Dawud: Sunan, Adab, 143, 144 (D5217); Tirmidhi: Sunan, Manaqib, 60 (T3872).
42 Muslim: Sahih, Fada'il, 62 (M6025).
43 Bukhari: Sahih, At'ima, 2 (B5376).
44 Tirmidhi: Sunan, Isti'zan, 10 (T2698).

Pracht und dem Liebreiz des weltlichen Lebens gefangen nehmen lassen solle und dass der Segen, der ihm gegeben wurde, gut und dauerhaft sei,[45] folgende Anweisung: *„Und befehle deinen Angehörigen das Ritualgebet (zu verrichten), und sei beharrlich darin. Wir fordern nicht von dir, dass du (Uns) versorgst, sondern Wir versorgen dich. Und das gute Ende gehört (den Besitzern) der Gottesfurcht."*[46] Unser Prophet (s.a.w.) zwang seine Familienangehörigen bei diesen Angelegenheiten niemals und setzte sie nicht unter Druck, sondern ermahnte sie in angemessener Weise. So beschreibt zum Beispiel *Anas Ibn Malik* (r.a.), wie er seine Familienmitglieder zum Gebet einlud: „Der Gesandte Allahs blieb, wenn er zum morgendlichen Ritualgebet ging, sechs Monate lang (nachdem er seine Tochter *Fatima* verheiratet hatte) an der Haustür *Fatimas* (r.a.) stehen und sagte: ‚Los, kommt zum Ritualgebet, oh ihr Hausbewohner!', und las den folgenden Vers vor: ‚*Siehe, Allah will nur den Makel (der Sünde) von euch entfernen, oh ihr Angehörige des Hauses (des Propheten), und euch völlig rein machen.*"[47]

Der Gesandte Allahs (s.a.w.) wollte nie, dass seine Kinder und Enkelkinder beschimpft oder gedemütigt werden, und erwartete, dass sie mit Geduld und Nachsicht erzogen wurden. Als *Umm al-Fadl* sah, dass das Enkelkind des Propheten, das sie ihm auf den Schoß gegeben hatte, das Gewand des Gesandten Allahs nass gemacht hatte, schlug sie dem Kind auf die Schulter, woraufhin der Prophet der Barmher-

---

45 Vgl. Koran: Ta-Ha, 20/131.
46 Koran: Ta-Ha,: 20/132.
47 Koran: al-Ahzab, 33/33; Tirmidhi: Sunan, Tafsir al-Qur'an, 33 (T3206); Ibn Hanbal: Musnad, III, 285 (HM14086).

zigkeit sagte: „*Du hast meinem Sohn wehgetan, möge Allah dir vergeben!*"⁴⁸

Der Gesandte Allahs (s.a.w.), der in jeglichen Angelegenheiten ein Vorbild für Muslime und die ganze Menschheit darstellt, zeigte sowohl als Ehemann, als auch als Vater und Großvater in seinem eigenen Leben auf, wie das Familienleben sein sollte, und bestätigte seine Aussage: „*[...] Ich bin derjenige unter euch, der seine Familie am besten behandelt*"⁴⁹, mit seiner Lebensweise. Die Erzählungen seiner Gefährten, die Zeugen seines Familienlebens waren, bestätigten diese Tatsache ebenfalls. *Anas Ibn Malik* (r.a.), der viele Jahre im Dienste des Gesandten Allahs stand und die Gelegenheit hatte, sein Leben von Nahem zu erleben, sagte: „Ich habe niemanden gesehen, der seiner Familie gegenüber liebevoller war als der Gesandte Allahs"⁵⁰, und dies ist nur eine Aussage von vielen. Der Gesandte Allahs (s.a.w.), der denjenigen, der einen guten Charakter (*Ahlaq*) besitzt und seine Familienmitglieder liebevoll behandelt, als: „*Derjenige, der im Glauben am vollkommensten unter den Gläubigen ist*"⁵¹, definierte, wollte mit diesen Worten auf den religiösen Aspekt dieses Themas aufmerksam machen. Denn wenn der Gläubige sich seiner Familie, die ihm am nächsten ist, mit Barmherzigkeit, Mitgefühl und Verständnis nähert, und ihre Rechte beachtet, wird er mit einem schönen Charakter ausgeschmückt sein. Infolgedessen werden sich gesunde Beziehungen in der Gesellschaft entwickeln und gediegene Generationen aus friedlichen Familien hervorgehen.

---

48 Ibn Madscha: Sunan, Ta'birar-Ru'ya, 10 (IM3923); Ibn Hanbal: Musnad, VI, 340 (HM27416).
49 Tirmidhi: Sunan, Manaqib, 63 (T3895); Ibn Madscha: Sunan, Nikah, 50 (IM1977).
50 Ibn Sa'ad: Tabaqat, I, S. 136(ST1/136).
51 Ibn Hanbal: Musnad, VI, 100 (HM25184).

„SILAH AL-RAHIYM":
NICHT ZU VERNACHLÄSSIGENDE VERWANDTSCHAFTSBEZIEHUNGEN

Unser Prophet Muhammed (s.a.w.) erzählte manchmal über die Gespräche der außermenschlichen Wesen und gab über seine metaphorischen, versinnbildlichten Erzählungen belehrende Beispiele. Eines Tages, während einer Konversation mit seinem *Ashab* (seiner Gefährten-Gruppe), kam er auf die ersten Zeiten der Schöpfung des Daseins zu sprechen und erzählte, wie die Verwandtschaftsbeziehungen in der Gegenwart Allahs zu Wort kamen. Laut seiner Aussage kam, nachdem Allah Ta´ala die Geschöpfe erschaffen hatte, „*Rahiym*"[1] zum Sprechen: „Dies ist

---

1 „Ar-Rahiym": „der Barmherzige", ein Attribut/Name Allah Ta´alas. Lexikalisch ist „Rahiym" ein Teil des Begriffs im „Silah ar-Rahiym" (Verwandtschaftsbeziehungen), der aus den Wörtern „Silah", das „Verbindung, Beziehung" und „Rahiym", das „Mutterleib, Gebärmutter" bedeutet, und metaphorisch „die Einheit der Abstammung zwischen den Menschen; ihre Verwandtschaftsbindungen"

die Stätte derer, die vor dem Abbruch der Verwandtschaftsbeziehungen ihre Zuflucht bei Dir suchen." Darauf antwortete Allah Ta´ala: „Ja, so ist es", und fragte: „Würdest du dem zustimmen, wenn Ich zu denen eine Bindung aufbaue, die mit dir eine Bindung aufbauen, und Mich von denen abwende, die sich von dir abwenden?" „Rahiym" sprach: „Oh Allah, mein Herr, ich stimme dem zu", woraufhin Allah Ta´ala verkündete: „Wenn es so ist, so ist dies dein Recht."

---

definiert, beschreibt die Aufrechterhaltung der Verwandtschaftsbeziehungen, die Fürsorge und die Beziehungen zu Verwandten, die Beachtung ihrer Rechte, das Interesse, die Hilfestellung ihnen gegenüber, und sie aufzusuchen. (Anm. des Übers.)

Nachdem der Gesandte Allahs (s.a.w.) diese Erzählung wiedergab, die den unmittelbaren Zusammenhang zwischen den Verwandtschaftsbeziehungen und dem Erbarmen Allahs betont, sagte er, um das Thema zu bekräftigen: „Wenn ihr wollt, rezitiert die folgenden Koranverse: ‚Werdet ihr etwa, wenn ihr euch (vom Islam) abkehrt, auf der Erde Unheil stiften und eure Verwandtschaftsbande zerreißen? Das sind diejenigen, die Allah verflucht; so macht Er sie taub und lässt ihr Augenlicht erblinden. Denken sie denn nicht sorgfältig über den Koran nach? Oder sind an deren Herzen Verriegelungen (angebracht)?'"[2]

In der islamischen Literatur wird das Thema der Verwandtschaftsbeziehung mit dem Begriff „Silah ar-Rahiym" ausgedrückt. Mit „Rahiym" wird die Gebärmutter; und mit „Sila" die Verbindung bezeichnet. Diese Beziehung, die „Beziehung zwischen den Verwandten" genannt wird, kommt durch die Gebärmütter (Rahiym) zustande. So wie es zwischen der Gebärmutter und dem Fötus eine als „Nabelschnur" bekannte substanzielle Verbindung gibt, so liegt nach der Geburt eine spirituelle Verbindung zwischen den Verwandten vor. So lebenswichtig die Nabelschnur für den Fötus ist, so ist für die muslimische Person Silah ar-Rahiym mindestens genauso wichtig.

„Rahman" und „Rahiym", zwei der Namen Allahs, stammen zusammen mit „rahmah" und „rahiym" von demselben Wortstamm ab. Dieser Wortstamm trägt die Bedeutungen „Mitgefühl", „Schutz" und „sich erbarmen" in sich.[3] Die Beziehung zwischen Rahman und Rahiym kann nicht nur damit erklärt

---

[2] Koran: Muhammed, 47/22-24; Vgl. Bukhari: Sahih, Adab (B5987); Muslim: Sahih, Birr wa Sila, 16 (M6518).
[3] Vgl. Ibn Manzur: Lisan al-Arab, XVIII, S. 1611(LA18/1611).

werden, dass sie den gleichen Wortstamm haben. Allah, Der sehr beschützend und sehr barmherzig ist, widmet Seine Gnade und sein Erbarmen mittels der Gebärmutter nicht nur den Menschen, sondern auch den Tieren. Dass selbst die wildesten Tiere ihren Jungen gegenüber Zärtlichkeit und Barmherzigkeit zeigen, ist ein Resultat dieser Tatsache. Dies ist das Netz der Barmherzigkeit, das vom Thron Allahs, Des Barmherzigen (ar-Rahman), ausgeht und gleichzeitig über den Strang, der *Rahiym* genannt wird, verbreitet wird. So sagte der Gesandte Allahs (s.a.w.) in einem *Hadith*: *„Rahiym (die Gebärmutter) ist ein Netz, das von ar-Rahman ausgeht und das an den Thron Allahs gebunden ist"*[4], und gab die Definition: *„Rahiym' ist ein Bindeglied von Rahman."*[5] Es gibt zwei Beziehungen, von denen eine zwischen *Rahman* und *Rahiym* und die andere zwischen *Rahiym* und den Verwandten, die aus derselben Gebärmutter kommen, besteht. In beiden Netzen wird die Beziehung durch den Fluss der Gnade und Barmherzigkeit gewährleistet. Solange die Verbindung zwischen ihnen fortwährt, werden die Barmherzigkeit und Gnade weiterfließen; wenn die Verbindung jedoch abbricht, versiegen auch die Barmherzigkeit und Gnade. So wird überliefert, dass unser Prophet über ein *Hadith Qudsi*[6] Folgendes verkündete: *„Allah, Der Erhabene sagt Folgendes: ‚Ich bin ar-Rahman, und er (der Name der Verwandtschaftsbeziehung) ist Rahiym. Ich gab ihr einen Namen, welcher aus Meinem eigenen Namen hergeleitet wird. Wer mit ihm die Beziehung aufrechterhält, mit dem erhalte Ich Meine Beziehung*

---

4 Ibn Hibban: Sahih, II, S. 185 (SI442).
5 Tirmidhi: Birr wa Sila, 16 (T1924); Bukhari: Sahih, Adab, 13 (B5988).
6 *Hadith Qudsi*: außerkoranischen Worte Allah Ta'alas

aufrecht. Wer die Beziehung mit ihm bricht, mit dem breche auch Ich Meine Beziehung."[7]

Auch zur Zeit der *Dschahiliyyah* war *Silah ar-Rahiym* eine Tugend, auf die in der arabischen Gemeinschaft viel Wert gelegt wurde. Der Islam maß dieser Angelegenheit eine noch größere Bedeutung bei, verbesserte einige Fehler der *Dschahiliyyah* und hob die Pflege der Verwandtschaftsbeziehungen ab dem ersten Tag als eines der wichtigsten Prinzipien hervor. Die Verwandtschaftsbeziehungen waren in der Zeit der *Dschahiliyyah* ein Grund zur Überheblichkeit, Hochmut und Prahlerei. Es herrschte eine blinde, engstirnige Parteinahme zu seinem Blutsbruder, sei er der Unterdrücker oder der Unterdrückte, und den eigenen Stamm zu begünstigen; kurzum, es war üblich, die eigene Sippschaft fast schon gottgleich zu erhöhen.[8] Der Islam jedoch reformierte diese Beziehungen und gründete ein Netzwerk von Beziehungen, das die Grundprinzipien, die gegenseitigen Rechte und Verantwortungen ins Zentrum rückte.

Im Angesicht der islamischen Grundprinzipien, wie Gerechtigkeit, Rechtsprechung, Gleichheit vor dem Gesetz und die Individualität der Schuld, bringen die Verwandtschaftsbeziehungen keinerlei Vorteil. Auch wenn es sich um den engsten Verwandten handelt, darf es bezüglich der Aufrichtigkeit und Gerechtigkeit weder bei der Bezeugung noch bei der Fällung von Urteilen Kompromisse geben.[9] Selbst wenn es ein naher Verwandter ist, kann niemand die Schuld eines

---

7 Abu Dawud: Sunan, Zakah, 45 (D1694); Ibn Hanbal:Musnad, I, 195 (HM1687).
8 Vgl. Muslim: Sahih, Birr wa Sıla, 62 (M6582).
9 Vgl. Koran: an-An'am, 6/152; an-Nisa, 4/135.

anderen auf sich nehmen.[10] In dieser Hinsicht kann nicht einmal für den Propheten ein Sonderrecht bestehen. Wie er auch selbst sagte: *„Selbst wenn es meine Tochter Fatima wäre [...]"*, gibt es sowohl im Diesseits als auch im Jenseits nichts, das er tun könnte.[11]

Im edlen Koran findet die Angelegenheit der Verwandtschaftsbeziehung ihren Platz unter den grundlegendsten Lehren. Allah Ta´ala offenbart in vielen Versen, dass dem Verwandten sein Recht gegeben werden soll,[12] Er befiehlt, ihnen zu helfen und Gutes zu tun,[13] Er warnt davor, die Rechte der Verwandten zu missachten,[14] und legt den Zusammenhang zwischen dem Abbruch der Verwandtschaftsbeziehung und dem Unfrieden sowie der Zwietracht dar.[15]

Die Wichtigkeit der verwandtschaftlichen Beziehungen erfuhr der Gesandte Allahs (s.a.w.), während er aufwuchs. Er war ein Waisenkind, das seinen Vater nie zu sehen bekam. Seine Mutter verlor er auf dem Rückweg vom Besuch seiner Onkel in Medina. Erst wuchs er bei seinem Großvater und später unter der Obhut seines Onkels *Abu Talib*, dem er viel zu verdanken hatte, auf. Der Gesandte Allahs (s.a.w.) bemühte sich sehr, die *Rahiym*-Bindung zwischen seinem Onkel *Abu Talib* und ihm, der ihn bis zu seinem letzten Atemzug unterstützte, jedoch nicht den Islam annahm, in

---

10 Vgl. Koran: al-Fatir, 35/18.
11 Vgl. Bukhari: Sahih, Wasayah, 11 (B2753); Muslim: Sahih, Iman, 351 (M504); Nasa'i: Sunan, Qat' as-Sariq, 5 (N4895).
12 Vgl. Koran: al-Isra, 17/26; ar-Rum, 30/38.
13 Vgl. Koran: an-Nahl, 16/90; al-Baqara, 2/83, 177.
14 Vgl. Koran: an-Nisa, 4/1.
15 Vgl. Koran: al-Baqara, 2/27; Muhammed, 47/22.

Barmherzigkeit (*Rahmah*) umzuwandeln. Gar bekam er deswegen eine göttliche Schelte.[16]

Auch dass *Khadidscha* (r.a.), die nach der ersten Offenbarung, die Angst und Aufregung des Propheten mit den Worten: „[…] denn du pflegst deine Verwandtschaftsbeziehungen […]"[17], zu beschwichtigen versuchte, zeigt, wie sensibel der Gesandte Allahs diesbezüglich seit jeher handelte.

Schon ab den ersten Tagen des Islam betonte unser Prophet die Wichtigkeit des *Silah ar-Rahiym*. Der byzantinische Kaiser *Herakleios* fragte *Abu Sufyan*, der den Islam zu diesem Zeitpunkt noch nicht angenommen hatte, was der Prophet alles (an Geboten, Prinzipien und Ähnliches) überbrachte. *Abu Sufyan* antwortete daraufhin: „Allah zu dienen, ohne ihm einen Partner beizugesellen, das Ritualgebet zu verrichten, Almosen zu spenden, aufrichtig und anständig zu sein und die Verwandtschaftsbeziehungen zu pflegen."[18]

Unter den Botschaften, die er direkt nach seiner Ankunft in Medina verkündete, befand sich wieder die Pflege der Verwandtschaftsbeziehungen (*Silah ar-Rahiym*). Der jüdische Gelehrte *Abdullah Ibn Salam*, der später den Islam annahm, erzählte: „Als der Prophet nach Medina kam, ging das Volk auf die Straße, um ihn zu begrüßen. Als ich den Aufschrei: ‚Der Gesandte Allahs ist gekommen!', hörte, mischte ich mich auch unter das Volk, um nachzusehen. Als ich sein Gesicht klar vor mir sah, erkannte ich, dass das kein Gesicht eines Lügners ist. Die erste Verkündigung, die ich von ihm hörte, war: ‚*Oh ihr Menschen! Verbreitet die Begrüßung, gebt*

---

16 Vgl. Koran: al-Qasas, 28/56; at-Tawba, 9/113.
17 Bukhari: Sahih, Bad' al-Wahy, 1 (B3); Muslim: Sahih, Iman, 252 (M403).
18 Vgl. Bukhari: Sahih, Bad' al-Wahy, 1 (B7); Muslim: Sahih, Dschihad wa as-Siyar, 74 (M4607).

Essen, achtet Silah ar-Rahiym (brecht die Beziehung zu eurer Verwandtschaft nicht ab), verrichtet das Ritualgebet, wenn die Menschen schlafen, und tretet in Frieden in das Paradies ein."[19]

Selbst eine unterschiedliche Religionszugehörigkeit wird bei der Wahrung der verwandtschaftlichen Beziehungen nicht beachtet. Auch wenn es verboten ist, in Angelegenheiten wie dem Polytheismus und dem Unglauben den Eltern zu gehorchen, ist es doch erwünscht, dass das weltliche Beisammensein beziehungsweise die menschliche Beziehung zu ihnen aufrechterhalten wird.[20] So ist beispielsweise bekannt, dass unser Prophet seine enge Beziehung zu seinem Onkel *Abu Talib* bis zu seinem Tod weiterführte, obwohl dieser kein Muslim war.

Asma (r.a.), die Tochter *Abu Bakrs* (r.a.), die, als sich der Prophet (s.a.w.) auf die Auswanderung (*Hidschrah*) vorbereitete, ihren Gürtel in zwei geteilt und den Proviantbeutel damit zugebunden hatte, weshalb sie „*Zat an-Nitaqayn*" („die Zweigürtelige") genannt wurde, und deren Schwester *Aischa* (r.a.) nicht von der gleichen Mutter stammten, und während die Mutter *Aischas* (r.a.), *Umm Ruman*, zu den ersten Muslimen gehörte, der Mutter *Asmas* (r.a.), *Qutaybah bint Abduluzza*, die Rechtleitung nicht zuteilwurde[21] ..., eben diese *Asma* (r.a.) erzählt: „Zur Zeit des *Hudaybiyah*-Friedensabkommens mit den *Quraysch* kam meine Mutter, obwohl sie eine Polytheistin war, die dem Islam den Rücken kehrte, zu mir, um Hilfe zu bitten. Als ich dies dem Gesandten Allahs (s.a.w.) berichtete, fragte ich ihn: ‚Oh Gesandter Allahs!

---

19 Tirmidhi: Sunan, Sifat al-Qiyamah, 42 (T2485); Ibn Madscha, At'ima, 1 (IM3251).
20 Vgl. Koran: Luqman, 31/14-15.
21 Vgl. Ibn al-Athir: 'Usd al-Ghabah, VII, S. 7(EÜ7/7).

Soll ich mich um sie kümmern?', und er sagte: *Ja, kümmere dich um deine Mutter.*"²²

Eine wichtige Verwandtschaftsbeziehung, die in den *Ahadithen* erwähnt wird, ist das Verhältnis mit dem Onkel. Die Liebe und Zuneigung unseres Propheten, der das Gesicht seines Vaters nie gesehen hatte, zu seinem Onkel *Abbas* (r.a.), obwohl er nur zwei Jahre älter war, ist allbekannt. Als er bei einer Gelegenheit von ihm sprach, benutzte er den Vergleich: „*Ein Ast, der vom selben Dattelstamm abstammte und abzweigt.*"

Eines Tages begab sich *Abbas* (r.a.) erzürnt zum Propheten. Als dieser ihn nach dem Grund seiner Wut fragte, sagte dieser: „Was ist zwischen dem *Quraysch*-Stamm und uns los? Wenn sie einem von ihnen begegnen, so sind sie freundlich, wenn sie jedoch einem von uns begegnen, so sind sie anders!" Daraufhin erzürnte der Prophet dermaßen, dass sein Gesicht errötete, und sagte: „*Bei Allah, in Dessen Hand mein Leben liegt! Solange eine Person euch nicht um Allahs und Seines Gesandten Willen liebt, festigt sich der Glaube nicht in ihrem Herzen.*" Dann fuhr er fort: „*Oh ihr Menschen! Wer meinen Onkel stört, der stört auch mich. Denn der Onkel einer Person ist zur Hälfte wie sein Vater.*"²³

Neben Themen wie Liebe, Respekt und dem gegenseitigen Besuch erfordern Verwandtschaftsbeziehungen zudem, in allen Bereichen des sozialen Lebens einander Hilfe zu leisten. Dieser Zusammenhalt hat neben den Aspekten, wie Blutgeld und Erbe, die die Justiz bedingen, auch eine moralische Dimension. Bezüglich der Vollführung von guten Ta-

---

22 Bukhari: Sahih, Adab, 8 (B5979); Muslim: Sahih, Zakah, 50 (M2325).
23 Tirmidhi: Sunan, Manaqib, 28 (T3758).

ten lautet die Reihenfolge der vorrangigen Personen: als Erstes die Mutter, dann der Vater, die Schwestern und dann die Brüder. Besonders bei Hilfeleistungen, wie der Sozialsteuer (*Zakah*) und der Spende (*Sadaqa*), wird bei den nahen Verwandten begonnen. Dieser Umstand, der vom Propheten Muhammed (s.a.w.) als „*al-Aqrab fa'l-Aqrab*" beschrieben wurde, zieht sich vom engsten Kreis der Verwandten zum entferntesten.[24] Während das an einen beliebigen Bedürftigen Gegebene lediglich als eine *Sadaqa* (Spende, Wohltat) zählt, zählt das, was an bedürftige Verwandte gegeben gibt, als zwei *Sadaqa*: Eine aufgrund der Spende und eine aufgrund der Pflege der Verwandtschaftsbeziehung (*Silah ar-Rahiym*).[25]

Jemand, der in Nöten ist oder in Bedrängnis, wird als Erstes in die Obhut der Verwandten gegeben. In diesem Rahmen stellt die Situation der *Fatima bint Qays* (r.a.) einer Gefährtin des Propheten, die eine der ersten *Muhadschir* war, ein offensichtliches Beispiel dar. Der Gesandte Allahs (s.a.w.) schickte *Fatima* (r.a.), die durch den dreimaligen Scheidungsspruch (*Talaq*) geschieden wurde, ins Haus von *Ibn Umm Maktum* (r.a.), um die 'Iddah (Wartezeit, Eheauflösungsfrist) abzuwarten. Denn dieser *Sahaba* (Gefährte des Propheten), der gleichzeitig blind war, war der Sohn ihres Onkels.[26]

Laut der Aussage des Gesandten Allahs beerbt der Onkel mütterlicherseits seinen Neffen, der selbst keine Erbfolgen

---

24 Vgl. Abu Dawud: Sunan, Adab, 119-120; Tirmidhi: Sunan, Birr wa Sila, 1 (T1897).
25 Vgl. Tirmidhi: Sunan, Zakah, 26 (T658); Nasa'i: Sunan, Zakah, 82 (N2583).
26 Vgl. Muslim: Sahih, Talaq, 48 (M3713); Nasa'i: Sunan, Talaq, 15 (N3447).

hat. So wie er das Blutgeld für ihn bezahlt, so nimmt er auch sein Erbe an.[27]

Eine der Verwandten, die die Fortführung der Beziehung zu ihnen am meisten verdient, ist die Tante mütterlicherseits. Der Ausspruch in der türkischen Kultur „die Tante ist zur Hälfte wie die Mutter" widerspiegelt die *Ahadithe* zu diesem Thema. Laut einer Überlieferung von *Ibn Umar* (r.a.) kam ein Mann zum Propheten und fragte ihn: „Oh Gesandter Allahs! Ich habe eine schwere Sünde begangen, gibt es eine Sühne für mich?" Der Prophet (s.a.w.) fragte ihn: *„Hast du eine Mutter?"* Als der Mann mit, „Nein", antwortete, fragte er ihn: *„Hast du eine Tante mütterlicherseits?"* Der Mann erwiderte mit, „Ja." Daraufhin sagte der Prophet: *„Wenn das so ist, geh und tu ihr Gutes!"*, und ergänzte: *„Die Tante mütterlicherseits hat den Status der Mutter."*[28]

Als Anlass dieses *Hadithes* wird folgender Vorfall genannt:

Unser Prophet (s.a.w.) befand sich zu einer Wiedergutmachungs-*Umrah* in Mekka, und als sich beim Verlassen der Stadt die Tochter von *Hamza* (r.a.) an seine Fersen hing und mit ihm gehen wollte, akzeptierte er dies. Bei ihrer Ankunft in Medina gerieten die Verwandten des Mädchens in Unstimmigkeit darüber, wer sie denn nun aufnehmen sollte. *Dscha'far* (r.a.) sagte, dass sie ihm mehr zustehe, weil sie seine Cousine väterlicherseits und er mit ihrer Tante mütterlicherseits verheiratet sei. *Ali* (r.a.), der der Meinung war, dass sie ihm mehr zustehen würde, sagte, dass seine Frau die Tochter des Propheten sei. *Zayd Ibn Haritha* (r.a.) äußer-

---

27 Vgl. AbuDawud: Sunan, Fara'id, 8 (D2899); Ibn Madscha: Sunan, Diyat, 7 (IM263).
28 Tirmidhi: Sunan, Bırr wa Sıla, 6 (T1904); Ibn Hanbal: Musnad, II, 14 (HM4624).

te, dass er es war, der sie hergebracht habe, und dass die Verantwortung, sich um das Kind zu kümmern, bei ihm lege, weil sie die Tochter seiner Schwester sei und damit den Anspruch erhob. Als sie die Situation schließlich dem Propheten vorlegten, sagte dieser: *„Ich werde sie Dscha'far geben, sodass sie bei ihrer Tante mütterlicherseits sein kann. Denn die Tante mütterlicherseits ist wie die Mutter."*[29]

Der *Hadith*: *„Die Tante mütterlicherseits hat den Status der Mutter"*, ist nicht in Bezug auf Erbschaftsregelungen zu verstehen, sondern bekundet die Nähe in Hinsicht auf Anteilnahme, Liebe und Barmherzigkeit.

Eines Tages ließ der Gesandte Allahs (s.a.w.) die *Ansar* sich unter einem Zelt versammeln, um ein Thema zu besprechen. Er fragte, ob es einen Fremden unter ihnen gebe. Die *Ansar* antworteten: „Nur der Sohn einer unserer Schwester." Daraufhin sagte der Gesandte Allahs: *„Der Sohn der Schwester von einem Stamm, gehört mit zum Stamm"*[30], und fuhr mit der Besprechung fort.

Genau wie die Verse des edlen Korans betonte auch der Gesandte Allahs (s.a.w.) immer wieder die Wichtigkeit dieses Themas. Es gibt viele *Ahadithe*, die die Pflege der Verwandtschaftsbeziehungen empfehlen und davor warnen, diese Verbindung abzubrechen. So verkündete unser Prophet beispielsweise in jenen *Ahadithen*: *„Wer möchte, dass seine Versorgung (Rizq) sich vermehrt oder sein Leben sich verlängert, soll seine Beziehung zu seinen Verwandten aufrechterhalten!"*[31] Deswegen empfiehlt er das Erforschen und Kennen der

---

29 Abu Dawud: Sunan, Talaq, 34-35 (D2278); Bukhari: Sahih, Sulh, 6 (B2699).
30 Muslim: Sahih, Zakah, 133 (M2439); Tirmidhi: Sunan, Manaqib, 65 (T3901).
31 Muslim: Sahih, Birr wa Sila, 20 (M6523); Bukhari: Sahih, Adab, 12 (B5986).

eigenen Herkunft. Denn: *„Die Verwandtschaftsbeziehungen lebendig zu halten führt zu Liebe, Vermehrung des Besitzes und Verlängerung des Lebens."*[32] Wer sich wünscht, dass sich sein Leben verlängert, sich sein Vermögen vermehrt und ihm ein schlimmer Tod erspart bleibt, dem wird die Weiterführung der Verwandtschaftsbeziehungen empfohlen.[33]

Ein Mann kam zum Propheten und sagte: „Sag mir, welche Tat mich ins Paradies bringt, wenn ich sie verrichte!" Die Anwesenden sagten: „Was ist denn mit dem los?" Unser Prophet (s.a.w.) sagte: *„Er hat ein Anliegen, was soll sonst mit ihm sein!"*, und sagte zum fragenden Mann: *„Du verrichtest die Ibadah (Glaubenspraxen) für Allah und stellst Ihm keine Partner zur Seite. Du verrichtest das Ritualgebet, gibst die Sozialsteuer (Zakah) und befolgst Silah ar-Rahiym (pflegst die Beziehungen zu deinen Verwandten)."*[34]

Nach der Lehre des Gesandten Allahs: *„Derjenige, der die Verwandtschaftsbeziehungen pflegt, ist nicht derjenige, der das Gute von seinen Verwandten mit Gutem begleicht, sondern derjenige, der, obwohl seine Verwandten aufhören, ihm Gutes zu tun, ihnen weiterhin Gutes tut."*[35] So kam beispielsweise ein Mann zum Propheten und sagte: „Oh Gesandter Allahs! Ich habe Verwandte! Ich pflege meinen Kontakt mit ihnen, sie brechen es aber ab! Ich tue Gutes für sie, sie behandeln mich schlecht! Ich behandele sie mit Liebe, sie behandeln mich harsch!" Daraufhin sagte er (s.a.w.): *„Wenn du bist, wie du sagst, dann werden sie regelrecht unter der Last deiner guten*

---

32 Tirmidhi: Sunan, Birr wa Sila, 49 (T1979); Ibn Hanbal: Musnad, II, 374 (HM8855).
33 Vgl. Ibn Hanbal: Musnad, I, 143 (HM1213).
34 Bukhari: Sahih, Zakah, 1 (B1396); Muslim: Sahih, Iman, 12 (M104).
35 Bukhari: Sahih, Adab, 15 (B5991); Abu Dawud: Sunan, Zakah, 45 (D1697).

*Taten erdrückt! Solange du so weitermachst, wird Allah dir immer einen Helfer gegen sie gewähren!"*³⁶

In verschiedenen *Ahadithen* zu diesem Thema bezeichnet unser Prophet (s.a.w.) es als eine der höchsten Tugenden, wenn jemand die Beziehung zu seinen Verwandten pflegt, obwohl diese sie abbrechen, wenn er denjenigen gibt, die ihm nichts geben, und denen verzeiht, die ihn angreifen.³⁷

Uqba Ibn Amir (r.a.), ein Freund des Gesandten Allahs, erzählte: „Eines Tages begegnete ich dem Gesandten Allahs (s.a.w.). Sofort hielt ich ihm meine Hand entgegen, aber er war schneller als ich und ergriff meine Hand. Nachdem er sagte: ‚*Oh Uqba! Soll ich dir verraten, was die vorzüglichste der Tugenden im Diesseits und im Jenseits ist?*', zählte er folgende Dinge auf: ‚*Wenn du die Beziehung zu deinen Verwandten, die den Kontakt abbrechen, trotzdem aufrechterhältst, wenn du dem gibst, der dir nichts gibt, und wenn du dem vergibst, der dir Böses tat.*"³⁸

Nach der prophetischen Lehre: *„Darf weder ein Schwur noch ein Gelübde zum Abbruch der Verwandtschaftsbeziehungen abgelegt werden!"*³⁹ So sagte unser Prophet zu *Malik Ibn Nadla al-Dschuschami* (r.a.), einem reichen Gefährten - als dieser erklärte, dass er geschworen habe, seinem Cousin väterlicherseits nichts mehr zu geben und seine Beziehung zu ihm zu beenden -, dass er das tun solle, was besser ist (als sein

---

36 Muslim: Sahih, Birr wa Sila, 22 (M6525).
37 Vgl. Ibn Hanbal: Musnad, III, 439 (HM15703).
38 Hakim: Mustadrak, VII, S. 2602 (4/162) (NM7285).
39 Nasa'î: Sunan, Ayman wa Nuzur, 17 (N3823); Abu Dawud: Sunan, Ayman wa Nuzur, 12 (D3272).

Schwur) und dass er für seinen (gebrochenen) Schwur eine Sühne erbringen solle.[40]

In einigen *Ahadithen* des Gesandten Allahs (s.a.w.) werden die Verwandtschaftsbeziehungen auch direkt mit dem Glauben in Verbindung gebracht und in anderen wird wiederum darauf hingewiesen, welche negativen Folgen ein Abbruch dieser Beziehungen mit sich bringen kann: „*Wer an Allah und den Tag des Jüngsten Gerichts glaubt, soll seinen Gast bewirten. Wer an Allah und den Tag des Jüngsten Gerichts glaubt, der soll die Beziehung zu seinen Verwandten aufrechterhalten [...].*"[41]

Der Gesandte Allahs (s.a.w.) sagte in einer seiner Reden Folgendes: „*Hütet euch vor dem Geiz, denn diejenigen vor euch stürzten aufgrund ihres Geizes ins Verderben. Der Geiz verführte sie dazu, nichts mehr zu geben, und sie gaben nichts mehr. Er verführte sie, ihre Verwandtschaftsbeziehungen abzubrechen, und sie brachen sie ab. Er verführte sie zur Sünde, und sie sündigten.*"[42]

Neben der Herkunfts- und Blutsbande kann hier auch die spirituelle Nähe erwähnt werden. Dass *Abu Bakr* (r.a.), nachdem er überliefert hatte, dass unser Prophet keine Erbschaft hinterlassen habe, betonte: „Ich schwöre bei Allah, dass die Verwandten des Gesandten Allahs mir lieber sind als meine eigenen"[43], weist auf diese Nähe hin.

Eigentlich war *Silah ar-Rahiym* schon zur Zeit der *Dschahiliyyah* eine moralische Tugend, auf die großer Wert gelegt

---

40 Vgl. Nasa'ı: Sunan, Ayman wa Nuzur, 16 (N38199; Ibn Madscha: Sunan, Kaffarah, 7 (IM2109).
41 Bukhari: Sahih, Adab, 85 (B6138).
42 Abu Dawud: Sunan, Zakah, 46 (D1698); Ibn Hanbal: Musnad, II, 191 (HM6792).
43 Bukhari: Sahih, Maghazi, 14 (B4036).

wurde. Sowohl der heilige Koran als auch die *Ahadithe* entwickelten diese Tugend weiter und forderten die Muslime dazu auf, in dieser Hinsicht aktiv zu sein. Diesbezüglich übermittelte der Islam des Weiteren, dass den Verwandtschaftsbeziehungen prinzipiell keine Erwiderung zugrunde liegt, und dass die Aufrechterhaltung der Beziehung mit denjenigen, die diese abbrechen, eine tugendhafte Haltung darstellt. Obwohl im Islam der Pflege der Verwandtschaftsbeziehungen (*Silah ar-Rahiym*) ein solch großer Wert beigemessen wird, ist bedauerlicherweise zu beobachten, dass die Hingabe der Muslime der Moderne hierin stark nachgelassen hat. Vor allem mit dem Übergang von der Agrar- in die Industriegesellschaft und dem Übergang vom Dorfleben zum Stadtleben ist die Beziehung zwischen den Verwandten beinahe am Bruchpunkt angekommen. Denn während des landwirtschaftlichen Lebens lebten die Verwandten in unmittelbarer Nähe zueinander und waren aufgrund der Arbeit auf die gegenseitige Hilfe angewiesen. In den Städten jedoch, in denen Millionen Menschen leben, wurde der Mensch nicht nur individualisiert, sondern vereinsamte auch. Sowohl die Lebensumstände als auch der Antrieb, „zu leben, ohne auf jemanden angewiesen zu sein", entfernte den Einzelnen von seinen Verwandten. Dieser Umstand hat solch ein Ausmaß erreicht, dass der Mensch aufgrund der vielen Arbeit nicht einmal Zeit für Familie, Kinder, Eltern und *Silah ar-Rahiym* aufbringen kann. Trotz all der verfügbaren Kommunikations- und Verkehrsmittel, nimmt die Pflege der Verwandtschaftsbeziehungen von Tag zu Tag immer weiter ab. Leider bezieht sich *Silah ar-Rahiym* in der heutigen Zeit lediglich auf den Verwandtenkreis ersten Grades, die Verwandten zweiten und dritten Grades sind fast schon in Vergessenheit geraten und die jüngere Generation

hat diese vielleicht nie kennengelernt. Die vorliegenden Beziehungen werden fast nur noch durch die Teilnahme an kurzen Veranstaltungen wie Hochzeiten oder Beerdigungen gepflegt.

Folglich sollte der Muslim die *Rahiym*- und *Rahmah*-Beziehungen, auf die der Islam so großen Wert legt, nicht schwächen, sondern stärken. Es darf nicht vergessen werden, dass der Beziehungsabbruch das Ausbleiben der Barmherzigkeit, Liebe und Mitgefühl mit sich bringt. Um es mit den Worten des Gesandten Allahs (s.a.w.) auszudrücken: *„Wer die Verwandtschaftsbeziehungen abbricht, kann nicht in das Paradies eintreten."*[44]

Der Aufbau dieses Bundes der Barmherzigkeit (*Rahmah*) wird einerseits dafür sorgen, dass zwischen den Verwandten die Barmherzigkeit fließt, und andererseits dazu verhelfen, dass die Menschen die Barmherzigkeit Allahs, Des Allerbarmers (*ar-Rahman*) und des Allbarmherzigen (*ar-Rahiym*), reichlich zu spüren bekommen. Laut der Verkündung unseres Propheten hält sich *„Rahiym"* am Thron Allahs/*Arsh*[45] fest und sagt (nonverbal): „Wer mit mir seine Beziehung aufrechterhält, mit dem soll auch Allah Seine Beziehung aufrechterhalten! Wer mit mir die Beziehung abbricht, mit dem soll auch Allah Seine Beziehung abbrechen!"[46]

Zum Schluss sollte auch daran erinnert werden, dass unser Prophet Muhammed (s.a.w.) das Abbrechen der Verwandtschaftsbeziehungen zu den Vorzeichen des Jüngsten Tages

---

44 Muslim: Sahih, Birr wa Sila, 19 (M6521); Bukhari: Sahih, Adab, 11 (B5984).
45 *Arsh* ist ein Begriff der sowohl im Koran als auch in den Ahadithen als Bezeichnung für die Herrschaft/den Thron Allahs benutzt wird (Anm. d. Übers.).
46 Muslim: Sahih, Birr wa Sila, 17 (M6519).

zählte,[47] und die Kernaussage in folgende Worte fasste: „*Die Taten, deren Belohnung im Diesseits gegeben wird, sind anderen Gutes zu tun und sich um die Verwandten zu kümmern. Die schlechten Taten, deren Bestrafung im Diesseits gegeben wird, sind die Zügellosigkeit, bei der das Maß überschritten wird, und der Abbruch der guten Beziehung zu den Verwandten.*"[48]

---

47 Vgl. Ibn Hanbal: Musnad, I, 420 (HM3982).
48 Ibn Madscha: Sunan, Zuhd, 23 (IM4212); Tirmidhi: Sunan, Sifat al-Qiyamah, 57 (T2511); Abu Dawud: Sunan, Adab, 43 (D4902).

DIE MILCHVERWANDTSCHAFT: DIE NÄHE, DIE DURCH DIE MUTTERMILCH ENTSTEHT

Eines Tages saß unser Prophet Muhammed (s.a.w.) in *Aischas* (r.a.) Zimmer. *Aischa* (r.a.) hörte die Stimme eines Mannes, der um Erlaubnis bat, das Zimmer von *Hafsa* (r.a.), der anderen Ehefrau des Propheten, zu betreten. In der Annahme, dass der Prophet dies nicht gehört habe, sagte sie: „Ein Mann fragt um Erlaubnis, euer Zimmer zu betreten." Doch hatte der Gesandte Allahs den Mann gehört und sagte, den Milchonkel väterlicherseits von *Hafsa* andeutend: „Ich denke, es müsste der und der sein." *Aischa* (r.a.), die etwas erstaunt war, fragte, ihren eigenen Milchonkel väterlicherseits meinend: „Wenn er am Leben wäre, dürfte er dann zu mir ins Zimmer?" Sie wollte die Thematik richtig verstehen. Daraufhin sagte unser Prophet (s.a.w.):

„Ja, sowie die Abstammung (Blutsverwandtschaft) die Ehe verhindert, so verhindert auch die Milchverwandtschaft (durch die Muttermilch) die Eheschließung."[1]

Es war einige Zeit vergangen. Eines Tages bat *Aflah*, der Bruder des Milchvaters von *Aischa* (r.a.), namens *Abu al-Qays*, also ihr Milchonkel, um Erlaubnis zum Eintreten. Jedoch sagte *Aischa* (r.a.) sie könne ihn nicht eintreten lassen, ohne erst den Gesandten Allahs gefragt zu haben. Weil sie von der Frau von *Abu al-Qays* gesäugt wurde, dachte sie, dass *Aflah* hiermit nicht als ihr Onkel zählte. Als sie diese Situation später dem Propheten bei seiner Ankunft erzählte, fragte dieser: *„Was ist es, das dich davon abhielt, deinem Onkel die Erlaubnis zu erteilen?"* *Aischa* (r.a.) antwortete: „Mich hat doch nicht der Mann gesäugt! Es war *Abu al-Qays* Frau, die mich stillte." Hingegen sagte der Gesandte Allahs (s.a.w.), darauf hindeutend, dass durch das Stillen die Milchverwandtschaft entsteht: *‚Gib ihm die Erlaubnis, denn er ist dein Onkel."*[2]

---

1 Muslim: Sahih, Rada`, 1-2 (M3568); Bukhari: Sahih, Nikah, 21 (B5099).
2 Bukhari: Sahih, Tafsir, (al-Ahzab) 9 (B4796).

Die Milchverwandtschaft ist die Verwandtschaft, die durch das Stillen einer anderen Frau als der leiblichen Mutter zwischen dem gestillten Kind, der stillenden Milchmutter und deren Verwandten bestimmten Grades entsteht.

Der Brauch, dass die Kinder von einer Milchmutter (Amme) gestillt und großgezogen wurden, war schon vor dem Islam sehr verbreitet. Insbesondere die städtischen Familien gaben ihre Kinder zu den Familien der ländlichen Beduinen, damit die Kinder bei diesen Familien gesund aufwachsen und die arabische Sprache richtig und vernünftig lernen konnten. Bei den *Dschahiliyyah*-Arabern gab es für die Milchmutterschaft ungeschriebene Regeln. Demnach entstand, angelehnt an den Bund der Muttermilch, eine Nähe. Unter der Voraussetzung der Einhaltung von gegenseitigen Rechten und der Erfordernisse der Verwandtschaft, welche durch die Muttermilch entsteht, wurde diese Praxis, die für das gesunde Heranwachsen des Kindes als nötig erachtet wurde, auch vom edlen Koran anerkannt: *„Und wenn ihr euer Kind (von einer Amme) stillen lassen wollt, so ist darin keine Sünde für euch, sofern ihr den ausgehandelten Lohn gebt, so wie es üblich ist."*[3]

Auch unser Prophet (s.a.w.) wurde, wie es in Mekka üblich war, einer Milchmutter ausgehändigt. Erst stillte seine Mutter *Amina* ihn für eine Weile.[4] Zudem brachte *Suwaybah*, die Sklavin von *Abu Lahab*, in dem Jahr einen Sohn auf die Welt. Bis er einer Milchmutter übergeben wurde, stillte sie Muhammed (s.a.w.) zusammen mit ihrem eigenen Kind. Neben ihrem Sohn *Masruh* gab es noch zwei weitere Milch-

---

3 Koran: al-Baqara, 2/233.
4 Vgl. Kattani: al-Muhtasar al-KabirfiSirah ar-Rasul, S. 23(KMS23).

geschwister, die den Propheten an *Suwaybah* erinnerten. Der eine, den sie vor ihm gestillt hatte, war sein Onkel *Hamza* (r.a.), der den Beinamen „Allahs Löwe" hatte; der andere, der nach ihm von dieser Frau Milch bekam, war *Abu Salama* (r.a.), der später unter den *Muhadschirun* war, die nach Äthiopien auswanderten.[5]

Nach einer Weile wurde der Gesandte Allahs (s.a.w.) an *Halima* (r.a.) gegeben, die mit dem Ziel, einem Kind aus einer reichen Familie als Muttermilch zu dienen und somit ihre finanzielle Notlage aufzubessern, nach Mekka gekommen war. Auch wenn *Halima* (r.a.) zu Beginn unentschlossen war, den verwaisten Muhammed (s.a.w.) aufzunehmen, akzeptierte sie ihn letztendlich, um nicht mit leeren Händen zu ihren Freunden zurückzukehren. Infolge dieser Entscheidung füllte sich ihr Heim mit Segen.[6] Die Namen der von *Halima* (r.a.) stammenden Milchgeschwister des Propheten waren *Abdullah*, *Unaysa* und *Schayma*.[7]

Im Islam wird die durch Muttermilch entstehende Verwandtschaft genauso wie die Blutsverwandtschaft gewertet. Denn die Milch, die die Entwicklung des Körpers und der Knochen des Kindes fördert,[8] stellt zudem, wie bei der leiblichen Mutter und ihrem Kind, eine emotionale Verbindung zwischen dem Kind und der stillenden Frau her. Dadurch entsteht zwischen zusammen aufwachsenden Milchgeschwistern eine gleiche Beziehung wie zwischen leiblichen Geschwistern. Daher wurden in dem Vers, in dem

---

5 Vgl. Ibn al-Asir: Dschami'al-Usul, XII, S. 91; Halabi: as- Sirah al-Halabiyyah, I, S. 140 (BH2/139).
6 Vgl. Ibn Hischam: Sirah, I, S. 298-301.
7 Vgl. Ibn Hischam: Sirah, I, S. 289.
8 Vgl. Ibn Hanbal: Musnad, I, 432 (HM4114); Abu Dawud: Sunan, Nikah, 8 (D2059).

die Frauen, mit denen keine Ehe eingegangen werden darf, aufgezählt werden, auch die Milchmütter und Milchschwestern erwähnt.⁹ Und so wurde es auch gehandhabt. Als dem Propheten, der der Milchbruder von *Abu Salama* und *Hamza* war, vorgeschlagen wurde, die Tochter von *Hamza* zu heiraten, sagte er: „*Sie zu heiraten ist mir verboten. Sie ist die Tochter meines Milchbruders. Das, was einem durch die Blutsverwandtschaft verboten ist, ist auch durch die (Mutter-)Milch verboten*"¹⁰, und lehnte dies ab. Als daraufhin *Umm Habibah* (r.a.) sagte: „Es wird gemunkelt, dass du die Tochter von *Abu Salama* heiraten wirst", war die Antwort des Gesandten Allahs folgendermaßen: „*Selbst wenn sie nicht meine Stieftochter wäre, die unter meiner Obhut steht, ist sie mir nicht erlaubt. Denn sie ist die Tochter meines Milchbruders. Sowohl Abu Salama als auch ich wurden von Suwaybah gestillt. Bietet mir eure Töchter und eure Schwestern nicht mehr an.*"¹¹

Uqba ibn Haris (r.a.), einer der *Sahaba*, heiratete die Tochter von *Abu Ihab Ibn Aziz*. Genau in dem Augenblick kam eine Frau, die sagte, dass sie *Uqba* und die Frau, die er heiratete, gestillt habe. *Uqba* sagte zu der Frau: „Weder habe ich Kenntnis darüber, dass du mich gestillt hast, noch darüber, dass du es mir vorher gesagt hättest." Er schickte eine Nachricht an seine Schwiegereltern und fragte nach der Information, die die Frau ihm gegeben hatte. Auch sie hatten keine Kenntnis davon. Als er die Angelegenheit auf diesem Wege nicht lösen konnte, fand er keine Ruhe, sodass er auf sein Reittier stieg und sich nach Medina zum Gesandten Allahs begab. Er erzählte ihm, was ihm widerfahren war. Der Ge-

---

9   Vgl. Koran: an-Nisa, 4/23.
10 Bukhari: Sahih, Schahadat, 7 (B2645); Muslim: Sahih, Rada', 12 (M3583).
11 Bukhari: Sahih, Nikah, 21 (B5101); Muslim: Sahih, Rada', 15 (M3586).

sandte Allahs (s.a.w.) sagte: *"Wie soll denn eine Ehe bestehen, nachdem dies gesagt wurde (dass sie deine Milchschwester ist)?"* Daraufhin trennten sie sich und heirateten jeweils jemand anderen.[12]

Während der Prophet (s.a.w.) die Milchverwandtschaft wie die Blutsverwandtschaft bewertete, gab er nichts über die physiologischen, soziologischen oder psychologischen Dimensionen dieser Verwandtschaft bekannt. Er legte nicht etwa die Auswirkung der Muttermilch auf die menschlichen Gene im wissenschaftlichen Sinne dar, jedoch begrenzte er die Entstehung der Milchverwandtschaft auf die Zeit, in der das Kind auf die Nahrungsaufnahme durch die Muttermilch angewiesen ist. Als der Gesandte Allahs (s.a.w.) eines Tages zu *Aischa* (r.a.) in die Wohnung kam, sah er einen Mann. Diese Situation gefiel ihm nicht, und seine Gesichtsfarbe änderte sich. Daraufhin sagte *Aischa* (r.a.): „Das ist mein Milchbruder." Und wahrscheinlich versuchte er zu verstehen, ob sie sich sicher bei diesem Thema war, und ermahnte sie, indem er sagte: *„Achtet darauf, wer eure Milchgeschwister sind! Denn das Saugen der Muttermilch (die das Verbot des gegenseitigen Ehelichens mit sich bringt), geschieht lediglich aufgrund des Hungers."*[13]

Bei der Bildung der Milchverwandtschaft wurden zwei Voraussetzungen berücksichtigt, welche die Stillzeit und die Menge der Milch betreffen. Hiernach kommt eine Milchverwandtschaft nur zustande, wenn die Milch innerhalb der ersten zwei Lebensjahre gesaugt wurde.[14] Denn im edlen Koran wird verkündet, dass die Stilldauer des Kindes sich

---

12 Bukhari: Sahih, Schahadat, 4 (B2640).
13 Bukhari: Sahih, Nikah, 22 (B5102); Muslim: Sahih, Radaʿ, 32 (M3606).
14 Vgl. Tirmidhi: Sunan, Radaʿ, 5 (T1152); Ibn Madscha: Nikah, 37 (IM1946).

über seine ersten zwei Lebensjahre ausdehnt.[15] Auch *Abdullah Ibn Umar* (r.a.) sagte, dass das Stillen eines älteren Kindes nicht gültig sei, und dass nur durch die Milch, die im jüngeren Alter gesaugt wurde, eine Verwandtschaft entstehen würde.[16] Über die Menge der gesaugten Milch gibt es verschiedene Überlieferungen. In einigen wird gesagt, dass es so viel sein muss, dass das Kind gesättigt ist und sich weiterentwickelt, hingegen wird bei anderen Überlieferungen weder die Häufigkeit des Stillens noch die Menge berücksichtigt und nur das Stillen an sich als Grundlage genommen. Als Nachweis für diese verschiedenen Meinungen wurden folgende Überlieferungen aufgeführt: *„Nur das Stillen, das zu Fleisch wird und die Knochenentwicklung fördert, kann verbieten"*[17]; *„Nur das Stillen, das gesättigt hat, kann (die Ehe) verbieten."*[18] Laut diesen Überlieferungen ist ein Verbot nach ein- oder zweimaligem Stillen nicht gegeben.[19] Nach einigen anderen Überlieferungen stellt sogar das einmalige Stillen des Kindes ein Hindernis für eine Ehe dar.[20]

Genauso wie die leibliche Mutter durch unzählige Erschwernisse das Kind zur Welt brachte und groß zog und dadurch Rechte über das Kind besitzt, hat auch die Milchmutter, die durch das Stillen dem Kind Leben schenkte, Rechte. In dieser Hinsicht galt das Recht des Stillens als so wichtig, dass einst *Haddschadsch ibn Haddschadsch al-Aslami* den Gesandten Allahs (s.a.w.) fragte, wie er das Recht,

---

15 Vgl. Koran: Luqman, 31/14.
16 Vgl. Malik: Muwatta': Radaʻ, 1 (MU1280).
17 Ibn Hanbal:Musnad, I, 432 (HM4114); Abu Dawud: Sunan, Nikah, 8 (D2059).
18 Tirmidhi: Sunan, Radaʻ, 5 (T1152); Ibn Madscha: Sunan, Nikah, 37 (IM1946).
19 Vgl. Muslim: Sahih, Radaʻ, 17 (M3590).
20 Vgl. Malik: Muwatta': Radaʻ, 1 (MU1278).

welches durch das Stillen entstand, vergelten könnte. Die Antwort des Propheten lautete: *„Indem du (ihr) einen Diener oder eine Dienerin gibst."*²¹

Unser Prophet beachtete das Recht durch die Muttermilch auf schönste Weise. So vergaß er beispielsweise nie seine erste Milchmutter. Deshalb vernachlässigte er nie, sie zu besuchen, wenn er in Mekka war. Solange sie lebte, zollte er ihr Respekt und Hochachtung. Der Respekt und die Hochachtung, die unser Prophet Muhammed (s.a.w.) *Suwaybah* zeigte, beeindruckte *Khadidscha* (r.a.) so sehr, dass sie sich keinen Fehltritt erlaubte, was den Respekt und die Ehrerbietung gegenüber der Milchmutter ihres Mannes anbelangte. Sie ging sogar so weit, dass sie sie mit ihrem eigenen Geld loskaufen und freilassen wollte. Denn sie wusste, dass die Freilassung seiner Milchmutter den Gesandten Allahs sehr glücklich machen würde. Doch *Abu Lahab,* ihr Besitzer, willigte nie ein, seine Sklavin *Suwaybah* zu verkaufen. Als der Gesandte Allahs (s.a.w.) nach Medina auswanderte, ließ *Abu Lahab* Suwaybah selbst frei. Auch als unser Prophet in Medina war, versuchte er sie zu beschützen und ihr behilflich zu sein. *Suwaybah* starb im Jahr der Eroberung von *Haybar.* Als der Prophet vom Tod seiner Milchmutter erfuhr, fragte er als Erstes nach ihrem Sohn *Masruh.* Ihm wurde gesagt, dass dieser schon vor seiner Mutter verstorben sei. Auch wenn er versuchte herauszufinden, ob irgendwelche andere ihrer Verwandten am Leben waren, musste er erfahren, dass niemand mehr am Leben war.²²

---

21 Tirmidhi: Sunan, Radaʻ, 6 (T1153); Nasaʼi: Sunan, Nikah, 56 (N3331).
22 Vgl. Ibn Saʻd: Tabaqat, I, S. 108-109 (ST1/108).

Der Gesandte Allahs (s.a.w.) pflegte auch immer die Verwandtschaftsbande mit seiner Milchmutter *Halima* (r.a.). Jedes Mal, wenn er sie sah, benutze er den Ausdruck: „*Meine liebe Mutter*", um ihr seinen Respekt und seine Liebe zu zeigen. Er versäumte es nie, ihr Geschenke zu machen und sie zu bewirten. Nach Jahren gab es eine Dürre und Hungersnot in der Heimat des *Sa'd*-Stammes. Wie jeder litt auch die Familie von *Halima* (r.a.) darunter. Als sie davon erfuhr, sandte *Khadidscha* (r.a.), die geliebte Frau des Gesandten Allahs, ihr vierzig Schafe und ein Kamel, das die Lasten tragen sollte.[23] Diese Nähe und Hochachtung galt nicht nur der Milchmutter. Eines Tages, als der Gesandte Allahs saß, kam sein Milchvater. Daraufhin breitete der Prophet ein Ende seines Gewandes für ihn auf dem Boden aus und er setzte sich darauf. Danach kam seine Milchmutter. Daraufhin breitete er das andere Ende seines Gewandes für sie aus und sie setzte sich darauf. Und danach kam sein Milchbruder. Der Gesandte Allahs stand für ihn auf und ließ ihn vor sich sitzen.[24]

An diesem Verhalten des Propheten, der den Verwandtschaftsbeziehungen einen besonderen Wert beimaß, wird deutlich, dass er die Milchverwandtschaft wie die Blutsverwandtschaft wertete. Denn dank der Milchverwandtschaft werden die Verwandtschaftsbeziehungen, neben der Blutsverwandtschaft oder dem Ehebund, mit der Verbindung durch die Muttermilch lebendig gehalten und es wird eine gemeinschaftliche Verbundenheit geschaffen. Das heißt, dass der Begriff der Verwandtschaft eine umfangreichere

---

23 Vgl. Ibn Sa'd: Tabaqat, I, S. 113-114(ST1/113); Halabi. as-Sirah al-Halabiyyah, I, S. 153(BH1/153).
24 Abu Dawud: Sunan, Adab, 119-120 (D5145).

Bedeutung gewinnt. Auch wenn sie außer dem Ehehindernis in Angelegenheiten wie Erbe, Unterhalt und Zeugnis keine abweichenden Regelungen mit sich bringt, bringt die Milchverwandtschaft zwischen den Parteien ein gewisses Verwandtschaftsrecht hervor. Demzufolge gelten moralische Verpflichtungen, wie *Silah ar-Rahiym,* das gegenseitige Gratulieren an Festtagen und der Krankenbesuch, nicht nur für Bluts- sondern auch für Milchverwandte. Aus diesem Grund sollten die auf Liebe und Respekt basierenden Beziehungen, welche mit den Blutsverwandten geführt werden, auch mit den Milchverwandten gepflegt werden.